YOBEL
ヨベル新書
072

敵対から共生へ

平和づくりの実践ガイド

ジョン・ポール・レデラック［著］
水野節子／宮崎 誉［共訳］

東京ミッション研究所

装幀　ロゴスデザイン：長尾優

敵対から共生へ
——平和づくりの実践ガイド——

目次

謝辞

この『敵対から共生へ ―― 平和づくりの実践ガイド』（原題 *The Little Book of Conflict Transformation*）を書くことは、そのコンパクトな装丁にもかかわらず大変な作業でした。執筆中はいろいろな方々に助けていただきました。はじめに、ハワード・ゼア氏(Howard Zehr）に心から深い感謝を表します。彼はこのリトルブック・シリーズの基本理念をつくり、私にも執筆するように勧めてくれました。さらに重要なことは、必要以上に言葉の多い私の原稿が的を射たものになるように、最初のメスを入れてくれたのがゼア氏でした。この文章に、優れた校正と切り込みを入れてくださったフィリス・ペルマン・グッド氏に感謝します。彼女の助言と提案がなければ、この文章はこれほど読みやすくなることはなかったでしょう。コロラド州立大学紛争解決協会（現在は紛争情報協会）の友人たちによるコンピューター・グラフィックにも、とても力づけられました。特にハイディー・バージェス氏とガイ・バージェス氏に感謝します。クロック研究所（ノートルダム大学）の修士過程の研究者たち（２００２~２００３年）には初稿を読んでもらいました。内容を発展させ、明確にするために、そのクラスで丸一日を費やすというすばらしい機会をいただいたことは特筆に値します。彼らのアイデアと提言は至る所に見出されます。

私がこの本を書くにあたって、コロラド州ネダーランドにある家を使わせてくださったジョンとジーナ・マーティン－スミス夫妻に心から感謝いたします。標高2、560メートル程にあるその家からは、緑から黄色に変化していくヤマナラシを見わたすことができました。

最後に、私の家族、特に妻のウェンディの忍耐強いサポートと励ましに感謝します。それなくしては、私の著作はどれも出版されることはなかったでしょう。ウェンディとは、この本に書かれたアイデアについて、どうすればより良く表現できるかを、コーヒーを何杯も飲みながら語り合いました。

ジョン・ポール・レデラック

I　なぜ紛争変革なのか？

よく使われる言葉に、紛争解決（conflict resolution）と紛争管理（conflict management）があります。それらとは異なる紛争変革とは、何でしょうか。

私は、１９８０年代に紛争変革（conflict transformation）という言葉を使い始めました。〔紛争地域である〕中米での凝縮された〔平和活動の〕経験によって、この分野での用語を見直す必要に迫られたからです。

中米に到着した時、私が用いていた表現は、紛争解決と紛争管理で通常用いられている用語ばかりでした。しかし、それらの概念が意味することについて、中米の同僚たちは問いを持ち、疑いすら抱いていることにすぐ気づいたのです。彼らにとって、解決には、扱われるべき重要な課題が提起されているにもかかわらず、その衝突を取り除こうとする試みに、吸収されてしまう危険を孕《はら》んでいました。このような解決には、自分たちの意見を主張する余地があるかどうか明確ではありませんでした。彼らの経験では、根深い社会的政治問題に対する迅速な解決は、たいていの場合、賞賛を受けることではあっても、何も実質的な変化をもたらさないのです。彼らは問いかけるでしょう。「紛争は原因があって起こるものだ。この紛争解決という考え方は、本当に必要とされている変化を覆い隠す一つの方法にすぎないのではないだろうか？」と。

彼らが考慮していることは、私自身の経験と見解に一致していました。私の根底にある使命感、そしてこの本の大部分に表されている枠組みは、アナバプテスト／メノナイト派の宗教的・倫理的枠組みに基づく信仰の文脈から来ています。この視点では、平和を正義の内に属するものとして理解します。それは、人権といのちを徹底して尊重することを通して、正しい関係と社会構造を建て上げることが重要であることを強調します。この視点は、生き方として働き方として、非暴力を主張します。

中米の同僚たちの懸念は急所を突いていました。中米やその他の地域で、暴力的な紛争に対する建設的な対応を見出す手助けをする、という私の仕事の大部分は、建設的な変化を目指すことであったのだと、ますます確信するようになりました。「紛争変革」という言葉は、解決や管理という言葉よりも、この意味を良く伝えているように思えました。

衝突《conflict》……
それは人間関係において
普通のこと
衝突……
それは変化への

動力です

1990年代に、東部メノナイト大学（Eastern Mennonite University）の修士課程として紛争変革プログラム（Conflict Transformation Program）という学科を設立しようとしていた時、私たちはその名称と用語について延々と議論しました。解決は主流の学術研究や政治グループには良く知られ、すでに広く受け入れられていました。変革は、ある視点では特定の価値観に偏り過ぎていると感じる者もおり、他の人たちには理想主義に映り、それ以外の人々には非現実的で奇抜過ぎると思われました。しかし、結局私たちは、変革という用語を手放しませんでした。それが的確で学術的に正しく、明確なヴィジョンを提供すると信じたからです。

私にとって、紛争変革は正確な表現です。なぜなら、特定の問題への解決を含み、さらにその解決を超えて、建設的な社会変化を生み出す努力をしてきたからです。紛争変革は学術的にも適切な言葉なのです。なぜなら検証可能な二つの現実に基づいているからです。それは、「衝突《conflict》は人間関係において普通のことであり、なおかつ変化を生み出す動力である」ということです。紛争変革（conflict transformation）という言葉は、明確で重要なヴィジョンを提供します。それは、地域社会においても国際社会においても、健全な関係と共同体を建て上げるという、私たちが目指している地平に焦点を合わせるからです。この目標は、私たちの日常の関わりに実質的な変化を要求します。

しかし疑問は残ります。変革とは、実際のところ何を意味するのでしょうか。

過去10年ほどの間に、変革という用語は平和活動家と研究家双方のグループで、ますます一般的になってきました。紛争の仲介においても、また平和と紛争研究の幅広い取り組みにおいても、変革的なアプローチがあります。事実、私はこの用語を使う二つの大学院の学科に関わっています。一つはノートルダム大学にあるジョーン・クロック国際平和研究所で、もう一つは東部メノナイト大学の紛争変革プログラムです。それにもかかわらず、今までのところでは、紛争変革は一つの学派にはなっていません。紛争変革は、究極的に私たち人間の考え方に、根本的な変化を求める包括的な方向付け、もしくは包括的な枠組みであると、私は確信しています。

これからこの書で述べることは、過去15年に及ぶ文献研究、実践、そして教師としての経験に基づく、この枠組みについての私の理解です。この書物は、最終的な定義ではありません。なぜなら私の理解も、実践したり教えたりすることに後押しされて、絶えず発展し続けているからです。

私の理解は他者の研究と平行するものです。この書では他の研究との関連をすべて明示することはできません。変革についての私の特有な考え方が、この用語を別の理解で用いる人々や、解決という用語を好む人々の考え方よりも優れていると言おうとしているのではありません。この本では、理解を明確にするために、解決と変革の間にある創造的な緊張関係を合わせて取り組むことを意図しているのであって、他の用語を好む人々の働きを否定しようとしているのではありません。この本は、すでに続けられている議論であり、人間関係をより深く理解しようとする探求に、一つの声として意見を投げかけることを目的としています。

Ⅱ　紛争変革のレンズ

日常の中で、私たちの関係の自然な流れを妨げるものとして、しばしば衝突を経験します。何かがおかしいと気づいたり感じたりします。突然、それまで当たり前だったことに、普段より気になっている自分に気づくでしょう。関係はこじれ、それまでのように、うちとけた、おだやかな関係ではなくなります。

もはや、物事を額面通りに受け取ることはできません。代わりに、物事の意味を解釈したり、解釈し直したりすることに時間とエネルギーを費やします。コミュニケーションをとることが困難になり、普段よりも努力することが求められます。もちろん、他の人が私たちに合わせるのでなければ、他の人が言っていることを正しく聞きとることがより難しくなるでしょう。他の人がしようとしていることを容易に把握することはできません。

私たちの感情が、ぎこちなさから不安に、さらに明らかな痛みに変わっていくとき、私たちの生理機能そのものまで変化します。こうした状況では、対立が進行するにつれて、特に終わりが見えないときは、ますます苛立ちの深みへと追いやる切迫感が大きくなるのをしばしば経験します。

もし、その状況に関係のない人が「いったい何を争っているの」と尋ねたら、衝突の山場や谷間を立体的に浮き彫りにしたある種類の「地形図」にたとえて説明することができるでしょう。

尖った山々は、その衝突で重要な課題として見えている事柄で、たいていは今登っている、最も近い山に重点が置かれます。その山が最優先の課題、もしくは取り組み中の課題として、つまり衝突で争われている主題としてたいていは認識されます。谷間は、解決に向かう交渉に失敗する状況を表します。そして連なる山々全体は、私たちの関係が織りなすパターンであり、しばしばあいまいでおぼろげに見えます。それはちょうど、あなたが山を登っているときに、山脈全体を見ることが難しいのと似ています。

この紛争の地形図は、すぐ目の前に「現れている」問題にばかり焦点を合わせて紛争を眺めようとする私たちの傾向を説明してくれます。私たちは不安や痛みを取り除こうと、エネルギーを費やします。紛争そのものの大きな地図を見ないで、目の前にある問題の解決を探すのです。また、私たちは数々の山々や谷間を眺めるように、課題や失敗の連続として争いを眺めようとする傾向があり、紛争の奥に潜んでいる原因や力関係の実態を見落としてしまうのです。

この本の目的は、変革的なアプローチでは、それらの傾向とどう取り組むのかを問い、またそれらが紛争解決（conflict resolution）や紛争管理（conflict management）の見方とどのように違うのかを見出すことです。一体、紛争解決では何を求めているのでしょうか。また、このアプローチでは、何を拠り所として紛争に対応しようとしているのでしょうか。

まず出発点として、「見る（*look*）」と「見える／わかる（*see*）」という英語表現の違いを調べてみましょう。「見る」ことは、何かに注意を引きつけること、注意を払うということです。私たちは、しばしば日常的な言葉で「こちらを見てくださいますか」とか「あれを見て！」と言います。言い換えると、「見る（*look*）」ことは注意を引きつけ気づかせようとするレンズを必要とします。一方で「見える／わかる（*see*）」ことは、「見る（*look*）」ことを超えて、より深いものです。「見える／わかる（*see*）」ことは洞察と理解を必要とします。英語の日常的な表現で「私が言ったことがわかりますか（*see*）」と言いますが、理解することは意味をつくり出すプロセスなのです。そのためには、より明確に焦点を合わせることが必要となります。

紛争変革はひと揃いの具体的なテクニック以上のものです。「見る」と同様に「わかる」ようになる方法です。「見る」ことと「わかる」ことには、それぞれにレンズが必要です。そのように、紛争変革では社会的衝突を眺めるために、複数のレンズをセットにして提供します。

> 紛争変革は
> 「見る（*look*）」と同様に

「見える／わかる（see）」方法です。

これらのレンズは、特別あつらえの眼鏡と考えて良いでしょう。私は生まれて初めて、多焦点レンズの眼鏡をかけるようになりました。その眼鏡のレンズには、三つの異なる働きをするレンズが組み込まれていて、一枚の中にそれぞれが特定の機能を持っています。一つ目の機能は、遠いところにある物に焦点を合わせるのに役立ちます。そのレンズがなければ、遠くの物はぼやけてしまいます。二つめは、コンピューターの画面など、中間距離にある物をはっきりと見させます。三つ目の機能は拡大鏡で、本を読んだり、釣り糸をフックに通したりするときに役立ちます。このレンズのたとえは、変革的アプローチで紛争を理解するために、いくつもの示唆を提供します。

第一に、レンズの読書用の部分を遠くの物を見るために使っても役に立ちません。それぞれの部分には独自の機能があり、現実の特定の側面に焦点を当てます。一部に焦点が合っているときは、他の側面はぼやけて見えるのです。もし、あなたが望遠レンズのついたカメラで見たり、顕微鏡でバクテリアを覗くと、そのことが劇的にわかるでしょう。現実のある層に焦点が当てられると、その他の層はぼやけるのです。焦点から外れた現実の各層は今まで通りそこにあるのですが、どれも不鮮明になります。このように、私たちが紛争を見るときに使うレンズも、ある特定の層や部分を鮮明にするのですが、他の層や部分はぼやけてしまうのです。一種類のレンズにその機能以上のものを期待することはできませんし、そのレンズが焦点を合わせて見せる物が全体像だと思い込んではならないのです。

すべてに焦点を合わせられるレンズはありません。込み入った現実の異なった側面がわかるためには複合的なレンズが必要です。このことは、「もし、あなたが金槌だけを持つならば、あなたに見えているのは釘だけである」〔一つの手段に固執すると、一面しか見えてこなくなるという意味〕という古い格言を思い起こさせます。紛争のすべての局面に焦点を合わせ、その意味を見出すことを、単一のレンズには期待できないのです。

私の三つのレンズは、一つのフレームの中に納められています。レンズはそれぞれ異なっていますが、もし多様な事実の様々な局面が全体として一つにつながっているのならば、それぞれのレンズはつながり合っていなければなりません。事実の特定の側面を見るためにはそれぞれのレンズが必要ですし、全体を見るためにはつながり合ったレンズが必要なのです。このように、ふさわしいレンズを見つけることは、紛争の特定の側面に取り組むと同時に、全体像をつかむ手段として大いに役立ちます。

全体像は地図のようなものです。異なる場に置かれている多様な項目を見たり、それぞれがどのように関わり合っているかを見るのに役立ちます。この本では、全体の地図を作るのに役立つ三つのレンズを紹介します。第一は、現状がわかるためのレンズです。第二は、目の前にある問題を超えて、衝突が訴えかける文脈も含めた深い関係のパターンを見るレンズです。三番目は、これらのレンズによる観点をまとめて、目の前にある問題と深い関係パターンとをつなげる、概念の枠組みが必要です。そのような枠組みが、争いを総合的に理解することを可能にし、現れている問題と深い関係パターンの改善を明らかにする舞台を作るのです。

紛争変革の三つのレンズによって見えるもの
- 目の前にある現状
- 背後にある関係パターンと文脈
- 概念の枠組み

例を一つ挙げてみましょう。私の家では、皿洗いのような家事について熱い議論を闘わせることがあります。私たちは、ひどく日常的な事柄について、どこからともなく、激しい口論が吹き上がることもあるのです。衝突は、山積みの汚れた食器といったような、具体的で特定の事柄をめぐって起こります。しかしながら、呼び起こされたエネルギーはもっと深いところにある何かが動いていることを示しています。事実、この議論でやり玉に挙げられているのは「誰が皿を洗うか」ということだけではありません。お互いに対して抱いている期待、個人や家族としてのアイデンティティの解釈、自尊心とお互いへの思いやりといった関係のあり方の実態と本質、また関係における力と意志決定の実態、といったことについて交渉しているのです。そうです。こういったすべての課題が山積みの汚れた食器の中に含まれているのです。

これらの関心事は、私たちが発する次のような問いにそれとなく表れています。「今夜は誰が皿を洗うの？　今まで誰が洗ってきたと思っているの？　これから先、誰が洗うの？」もうおわかりでしょう。これは単に汚れた食器の問題ではないのです。汚れた食器が苦労の原因となっているのは、それが私たちの関係を表しているからなのなのです。もし、皿を越えて、背後にある進行中の問題やパターンを見ることができれば、それがわかるのです。

私たちは単に「さて、今夜はだれが皿洗いをする？」とだけ、質問することはできるでしょう。答えが出れば一件落着です。多くの場合、私たちは掘り下げる時間や関心がないため、その場しのぎの答えを出してしまうのです。これこそ、まさに私たちが繰り返していることです。しかしながら、その場しのぎの解決では、私たちの関係や家族に起こっていることの深い意味を丹念に探ることはありません。この奥まったレベルが触れられることなく残ったならば、次また何かがあったとき、例えば、汚れた食器、洗濯物の山、もしくは部屋に脱ぎ捨てられた靴下などによって突然現れることになるエネルギーを作り出してしまうのです。

紛争変革のレンズは、まず食器の向こう側に目を向けて、そこで問題になっている人間関係の背景を理解し、その後で食器の山に目を向け直すことを提案します。目の前にある問題を解決するかのように見える、その場しのぎの答えで満足するのではなく、変革は、関係の内容、文脈、構造と取り組むための枠組みを作ろうと努力します。変革は、一つのアプローチとして、紛争を通して建設的な変化のプロセスを作り出すことを目指します。それらのプロセスは、関係のパターンを学び、関係の構造に取り組む機会を提供すると同時に、目の前にある問題に対する具体的な解決を提供します。皿洗いのたとえは、くだらないと感じますか。そうですね。たかが皿洗いのことです。皿の山しか見えないとしたら、確かにくだらないことです。けれども、もし皿の山が、いのち、成長、関係、そして理解を覗き込む窓であるならば、くだらないこととは言えないでしょう。

枠組みは次のことに取り組む
・内容
・文脈
・関係の構造

これらのレンズをどのように作ることができるでしょうか。まず紛争変革という言葉が何を意味しているのかを、より明確に定義することから始めましょう。そのアプローチが紛争と改善をどのように理解するのかを探りましょう。その上で、社会的紛争に変革的枠組みをどのように発展させ適応していくかという実践的な働きに戻りたいと思います。

III 紛争変革を定義する

私は、紛争変革を以下のように定義することを提案します。

紛争変革とは、
満ち干を繰り返す社会的衝突を
建設的変化のプロセスを生み出す
「いのちの機会」として描き出し、
そのヴィジョンに具体的に応答することです。
そしてそれは、相互の直接的な関わりと社会構造において
暴力を減らし、正義を増し、
人間関係の現実の実際的問題に取り組むことなのです。

この定義の意味と、そこに含まれている言外の意味は、その定義の中の傍点部分を一つひとつ分析することで、わかりやすくなるでしょう。まず紛争変革を、頭、心、手、足を持つ一人の旅人であると想像してください。

頭

「頭」は衝突を概念化して見ることを表しています。それは、紛争をどう見極めるか、その見極めに基づいて、どんな覚悟をもって取り組むかということです。創造的な紛争変革をもたらすための態度、認識、方向付けを「頭」で見つけるのです。私たちの定義では、ヴィジョンを描き出すことと応答することという表現を用いています。ヴィジョンを描き出すこと（envision）は活動的な行為です。この言葉は動詞ですから、意図した視点と態度、進むべき方向と目的とを定める経験や知識の地平を、自ら進んで広げようとする意志が必要になります。

変革的な視点は二つの土台の上に建てられます。

紛争を、建設的成長への可能性を生み出す一つの自然現象として、肯定的に描き出す（envision）能力

積極的な変化をもたらす可能性を最大限にする方法で、進んで応答しようとする意志

変革のアプローチでは、衝突は人間にとってごく当たり前の継続的な関係力学の一部であると見なします。それだけでなく、衝突は建設的な変化をもたらす可能性を含んでいます。もちろん、いつも肯定的な変化が起こるわけではありません。私たちがよく知っているように、衝突は多くの場合、長期にわたる痛みと破壊の悪循環を結果として生じます。しかし、変革の鍵は、衝突とは成長のための可能性を持つ媒体だとする先見のまなざしです。

> 衝突《conflict》は
> 人間にとって
> ごく当たり前の
> 継続的な
> 関係力学の
> 一部である
> と見なします

応答とは、機会をとらえてヴィジョンを行動に結びつけることです。その目指すべき方向は参与にあります。物事のもっとも深い理解は、実体験から学ぶプロセスに由来するという認識が、応答に含まれます。

二つの土台、すなわちヴィジョンを描き出すことと応答することは、「頭」の働きの次元に位置づけられます。私たちの生活の場のさまざまな関わりで、共同体に起きる衝突の〔改善に〕取り組むとき、この二つの土台は私たち自身が考え、自らの態度をさだめる方法を示すのです。

潮の満ち干：

私たちが紛争を見るときにはたいていの場合、主に上昇と下降、激化と沈静化、山と谷という観点から見ています。事実、しばしば突出した山や谷にばかり焦点を置いてしまいます。それはある紛争によって著しく同じ症状を繰り返しているような場合です。一方、変革的な見通しは、衝突の山場や谷間の一点にばかり目を向けるよりも、山脈全体を眺めようと努めます。

おそらく、ここで少し動きのあるイメージにたとえるとわかりやすくなるでしょう。紛争変革は、浜辺に打ち寄せ砕ける波一つに限定して焦点を当てるよりも、まず巨大なパターンを理解することから始まります。それは関係という広大な海の中で、エネルギーと時間、さらにあらゆる季節をも含んだ潮の満ち干の大きなパターンです。

海のイメージは、私たちが関わり合って起こる動きには、一定のリズムとパターンがあることを表します。海は、時には予測可能で、静かで、なめらかでさえあります。周期的に繰り返される海の諸現象と、季節や気候とが組み合わさって大きな変化をつくり、海辺にあるすべてのものに影響を与えます。

変革的なアプローチでは衝突の背景にある固有なエピソードを理解しようと努めていきます。しかも、そのエピソードだけを切り取るのではなく、より大きなパターンの中にはめ込まれたものとして理解しようと努めるのです。すぐ目の前にある現実の問題と、より広い次元で起きている問題とそのパターン、その双方に光を当てます。海というものは絶えず動き、流れ、ダイナミックなものです。しかし同時にそれは、見事な形状を有し、芸術性をも持ち得るのです。

心臓・ハート

心臓は、人間の体にあるいのちの中心です。身体的に言えば、鼓動を打ち、生命を維持します。比喩的に言えば、私たちの感情、直観、そして霊的生活の中心です。私たちが、導きやいのちの糧、そして方向付けを求めて出て行き、また帰って来る場所こそ心なのです。心は、出発点であり帰着点です。そのような紛争変革の中心を、二つのアイデアが形作っています。

人間関係：

生物学者や物理学者は、生命そのものは、見て触れる体の各部よりも、目に見えない各部のつながりや関係によって、より多く見出だされると言っています。同様に、紛争変革では関係が中心です。体内にある心臓のように、衝突は関係から流れ出し、関係に戻って来るのです。

関係は目に見える側面と、また目には見えにくい側面があります。今起こっていることや争っている具体的なことは往々にしてたいへんよく見えます。しかし、もともと紛争が持っている積極的な可能性を促すには、目につくことだけに集中するよりも、むしろ関係が持っている目に見えにくい側面に集中しなければなりません。人々が争っている問題は重要なことであり、創造的な対応が求められます。しかしながら、関係とは、つながりの網の目を意味し、そこから個別の問題が生じ、いのちが育まれる場としての、いわば人間の生態系という、より大きな文脈が形作られるのです。

海のイメージに戻りましょう。仮に、個々の波を目に見える社会的衝突の頂点にたとえるならば、関係とは海そのものの潮の満ち干と言えます。関係というものは、目に見えても見えなくても、短期でも長期的でも、変革的プロセスの中心なのです。

ライフ（いのち、生活）を与える機会：

紛争の状況に「ライフ（いのち・生活）を与える」という表現をあてはめると、いくつかのことを想い起こさせます。一つは、ライフ（生活）が私たちに衝突をもたらし、衝突とは人間の経験の一部であるということです。他方、肉体においては心臓の鼓動が血液の流れをリズミカルに打ち出して、私たちを生かし動かし続けるように、衝突はライフ（いのち）を生み出すと思われます。

衝突はライフ（生活）から流れ出ます。すでに強調したように、衝突は、脅威というよりも、むしろ成長する機会を備え、自分自身、他者、さらに社会の構造についての認識を深めるものとして理解できます。衝突は、あらゆるレベルの関係において、私たちが立ち止まり、よく見極め、注意を払うことを助ける、いのちの営みなのです。私たちの人間性を真に知る一つの方法は、衝突が私たちの生活における賜物《ギフト》であると認識することです。それがなければ、生活は単調で起伏のない地形図のように代わり映えせず、私たちの関係は悲惨なほどに表面的なものになるでしょう。また、衝突はライフ（生活）をつくり出します。衝突によって私たちは応答し、新しいものを取り入れ、変わるのです。衝突は変化の動力モーターと理解することができます。そのモーターによって関係と社会構造が正直で生き生きとしたものとなり、人のニーズに力強く応答し、大志を抱かせ、成長させ続けるのです。

衝突《コンフリクト》は
ひとつの機会、
賜物《ギフト》です

手

物事を建て上げ、物の形に触れ、感じ取り、影響を与えることができる器官として、私たちは手を用います。手が私たちを実践に近づけます。私たちが「ハンズ・オン (hands-on)」と言う時、実行に移すべき状況が近づいたことを意味します。この点について、私たちの定義で使われた「建設的」と「変化のプロセス」という」二つの言葉が関連します。

建設的：

建設的（constructive）という言葉は、二つの意味を持っています。第一に、その基本形である動詞には、「建設する、形作る、形を整える」という意味があります。

第二に、形容詞として「積極的な力になる」という意味があります。変革には、これらの両方の考え方が含まれています。それは社会的衝突がしばしば暴力的で破壊的なパターンに発展するという現実を、否定したり拒絶したりしないで、理解することを求めます。紛争変革は、困難や否定的な状況から積極的な事柄をつくり出すことに、はっきりと焦点を合わせた変化プロセスの進展を追い求めます。関係を改善する創造的な解決を建て上げながら、背後にある関係と構造のパターンをより広く理解するよう励まします。これが、「衝突は改善の機会であり、可能性である」という見方なのです。

変化のプロセス：

このアプローチの中心は、変化のプロセスです。それは、紛争をどのようにして破壊的なものから建設的なものへと変えることができるのか、という変革の構成要素であり、土台です。このような変化は、関係の背景と進行中の変化プロセスを認識し、理解し、応答する能力を養うことによってのみ実現可能となるのです。紛争そのものが起こるプロセスとはいったいどのようなものなのでしょうか。紛争を建設的な方向に動かすこれらのプロセスはどのようにして改良されるのでしょうか。あるいは、どのように他のプロセスが開始されるのでしょうか。プロセスに焦点を当てることが、紛争変革の鍵なのです。

紛争変革は社会的紛争の動的側面に焦点を当てています。変革的なアプローチの中心部にあるのは、諸関係の脈絡の集中、機会として衝突を捉える視点、そして創造的な変化プロセスへの励ましです。このアプローチは、紛争をエピソードとして見る見方を含んでいますが、それに引きずられることはありません。関係の流れと関係の網目に、衝突を見ることができます。私たちが見てきたように、社会構造やパターーンを変えつつあるとき、変革的なレンズによって、特定の問題に取り組むためのメカニズムとしての創造的な「舞台」が生み出されるのです。

足

「足」とは、私たちが地面に触れている場所、私たちみんなが旅に出る場所を表しています。手と同様に、足も行動における現実との接点です。すなわち、思考と心臓の鼓動とが、応答、方向付け、行為の発動へと翻訳される転換点なのです。紛争変革が実際の生活における現実の課題とニーズに応答できなければ、ただの理想論的空想になってしまうでしょう。

紛争変革において、
平和は
静的な、「終局の状態」であるより、
むしろ、
継続的に関係の質を進化させ、
展開させ続けるもの

変革の視点は、行動が追求される場、また問題が提起される場としての以下の二つの難題に取り組みます。「人間関係において、暴力を減らし正義を増す方法で、どのように衝突に取り組めるでしょうか。」「建設的で、直接顔と顔を合わせた関係を築くために、また同時に、組織体系や構造の変化をもたらすために、どのようにして私たちの潜在能力を伸ばしていくのでしょうか。」

暴力を減らし、正義を増す：

紛争変革のアプローチでは、平和が関係の質の中に育まれ、そこに根ざすものとして理解します。こうした関係には二つの側面があります。顔と顔を合わせる関係という側面と、社会的、政治的、経済的、文化的関係を築いていくという側面です。その意味では、平和とは、ニュー・サイエンス[1]が「プロセス構造（process-structure）」と呼んでいるものです。それは動的で、順応し、変化しながら、同時にそれが、ある形状と目的を持つ一つの形あるものへと向かう現象です。紛争変革のアプローチでは、平和を、静的な「〔争いの〕終局の状態」と見なすよりも、むしろ継続的に関係の質を進化させ、展開させ続けるものと見なしています。それゆえに、平和の働きとは、暴力を用いないアプローチによって、自然な潮の満ち干のように繰り返す人間の衝突に意図的に取り組む試みと言えます。その試みは、問題に取り組み、理解を深め、平等性を増し、関係を尊重するものです。

（1）ニュー・サイエンスとは、20世紀の後半に、量子とカオス理論やその他の研究によって引き起こされた物理学、生物学、そして環境保護の研究の発展を指している。マーガレット・ウィートリーの議論を参照。Margaret Wheatley, Leadership and the New Sciences (San Francisco, CA: Barrett-Koehler Publishers, 1994) p. 16.

暴力を減らすことは、現れている問題や紛争のエピソードの要素、またその背後にあるパターンと原因にも取り組むことが要求されます。これは必然的に、正義の問題に取り組むことになります。私たちがそれを実行するときには、実質的な変化に向かって公正なやり方で進めなければなりません。ある決定がくだされる場合、それによって影響を受けるすべての人が、その決定に関わることができ、声を上げられなくてはならないのです。それに加えて、関係と構造の両方のレベルにおいて、不正義をつくり出すパターンが取り組まれ、変えられていかなければなりません。

顔を合わせた関係と社会構造：

すでに示唆してきたように、私たちは、個々人の関係、グループ間の関係、そして社会構造など、あらゆるレベルの関係における変化プロセスを直視しながら先を見通し、前向きに取り組む能力を高める必要があります。一方では、直接的で、顔と顔を合わせる関係を築く能力が求められます。他方では、家族単位から複雑な官僚政治に、また地方社会から国際社会にいたるさまざまな社会構造が如何に編成されるのかを見つめ、探求し、そこに変化を生み出す能力が求められているのです。

紛争変革のアプローチでは、これらのすべてのレベルにおいて建設的な変化を促進する基本となる方法は、対話であると提案します。対話は、個人のレベルと構造のレベルの双方で、正義と平和のために本質的なものです。これは唯一の手法ではないとしても、本質的なものです。

> 紛争変革とは、
> 満ち干を繰り返す社会的衝突を
> 建設的変化のプロセスを生み出す
> 「いのちの機会」として描き出し、
> そのヴィジョンに具体的に応答することです。
> そしてそれは、相互の直接的な関わりと社会構造において
> 暴力を減らし、正義を増し、
> 人間関係の現実の実際的問題に取り組むことです。

私たちはたいてい、対話を人と人、あるいはグループ間での直接の関わり合いと考えます。紛争変革のアプローチも、この見解を共有しています。暴力を減らすために活用されるスキルの多

くは、アイデアを交換し、問題の共通理解を見出し、解決への道筋を探し求めるコミュニケーション能力に基づいています。

しかしながら、変革的な視点では、人間の制度、構造および関係パターンが形成される、社会の公共領域をつくり出すこととそれに取り組むことの両方に、対話が必要不可欠であると信じています。地域社会の生活を秩序立てる社会構造に人々が取り組み、形作ることができるように、広い意味でのプロセスと空間が作られなければなりません。対話は、私たちの関係を形作る方法に触れ、意見を述べ、建設的に関わるために必要なのです。また、組織や構造が形成され、応答され、作用する方法としても対話が必要です。

本質的に紛争変革は、正義を増し暴力を減らす変化のプロセスを通して、人間の争いに対して、適した応答をつくり出すことに焦点を当てます。

Ⅳ　紛争と変化

衝突《コンフリクト》は起きるものです。衝突は特別なことではなく、人間関係に継続的に見られます。変化も同様に起こります。人間社会や人間関係は、静的ではなく動的で、常に状況に適合し、変化し続けていくものです。

衝突は周囲に衝撃を与え、さまざまなかたちで変化をもたらします。私たちはこれらの変化を個人、関係、構造、文化という四つの大きなカテゴリーで分析することができます。

> 衝突《コンフリクト》は、
> 個人、関係、構造、文化において、
> 私たちにインパクトを与えます。

また、下の二つの問いへの応答として、これらの変化について考えることができます。

- 衝突の結果として、どんな変化が起きるでしょうか。例えばどのような衝突のパターンや影響があるのでしょうか。

● 私たちはどのような変化を求めるのでしょうか。この二つ目の質問に答えるために、私たちの価値や意図がどのようなものかを問い直す必要があります。

この二つの質問を心に留めつつ、前述の四つの領域についてよく考えてみましょう。衝突の個人的側面は、個人に影響を与える変化と、個人のために願う変化に目を向けます。これは認識、感情、知覚、霊性を含めた全人格に関わっています。

現状把握への記述的（descriptive）営みの中で、変革が気づかせてくれるのは、私たち個々人は悪い意味でも良い意味でも、衝突によって影響を受けるということです。衝突は、私たちの肉体的な健康、自己の尊厳、感情の安定、正しい洞察、全人的霊性の統合に影響を与えるのです。

変革を捉えるには
記述的視点と
処方的視点とが
なくてはなりません

処方的（prescriptive）視点で捉えるなら、変革とは、慎重に計画された干渉であり、それによって社会的紛争の破壊的な影響は最小限に抑えられ、個人の肉体、感情、霊的レベルで、成長する可能性が最大限に広げられます。

関係の側面は、顔を合わせた関係の変化に注目します。ここでは、関係における情緒性、力、相互依存、さらに衝突がいかに表現され、伝達され、相互に影響を及ぼすのかということを注意深く考察します。

記述的視点で捉えるなら、変革とは、コミュニケーションと相互作用のパターンが紛争によってどのように影響を受けたかということを意味します。この記述的営みでは、目に見えている問題の周りにある緊張状態を超えて、衝突によって引き起こされた潜在的変化に注目します。また、人々の認識パターンや、彼らが何を望み何を求めているのかに目を向け、さらに、どのようにしてお互いの個人的関係を結び、グループ内の人間関係やグループ間の相互関係を築いているかにまで、視野を広げます。衝突は、関係を変化させます。この事実は、以下に挙げるような、より明確な質問を投げかけます。人々は、人間関係において、どの程度の近さ、あるいは距離を保ちたいと望んでいるのだろうか。人々は、力〔権力や経済力、あるいは能力や影響力〕を、どのように利用し、構築し、分配するのだろうか。人々はどのようにお互いを認識し、双方の期待を見積もるのだろうか。生活と関係に関する彼らの希望と恐れは、いったい何なのだろうか。どのようなコミュニケーションと相互関係のパターンが彼らの間に見られるのだろうか。

処方的に捉えるならば、変革とは、十分に機能しないコミュニケーションを最小限度に抑え、相互理解を最大限まで増大させる意図的介入です。これは、そこに関わる人々の関係における恐れや希望、そして目標を見える形で明らかにする努力を含みます。

構造の側面は、衝突の背後に潜在する原因、また社会的、政治的、経済的構造におけるパターンと変化に光を当てます。これらの側面は、社会の構造、組織、制度といったものが、紛争によってどのように構築され、維持され、変化するのかということに注目します。人々の基本的ニーズに応え、〔政府あるいは非政府団体によるさまざまな〕支援・援助やサービスなどの情報を提供し、グループやコミュニティ、社会全体に影響を与える決定を促すような、社会的、経済的、政治的、そして制度的関係をいかに構築していくのか。こうしたことが、ここで問われているのです。

記述的に変革を理解することは、紛争を起こしている社会状況を分析することと、紛争が現在の社会構造と意志決定のパターンに変化を与える方法を分析することが含まれています。

処方的側面では、変革とは、背後にある原因と暴力的紛争が発生し、醸造されていく社会状況についての洞察を得るための細心の注意を払った介入です。それに加えて、この変革は公に非暴力の方法を促進し、それにより対立関係を減らし、暴力を最小限にし、最終的にはなくすことを目指します（これは変化のための非暴力を奨励することを含んでいます）。そのような種類の変化を追い求めることは、社会構造の発展を促進します。そこでは、人間の基本的必要が満たされ（物質的な公平）、決定に直接影響される人々の決定プロセスへの参加を最大限にするのです（手続きの公平）。

文化の側面は、衝突によってつくり出される変化で、最も広い範囲の集団生活のパターンに関連するアイデンティティ、および、文化が及ぼす応答と衝突へのパターンを扱います。

その現状への記述的営みでは、衝突がどのようにグループの文化的パターンに影響し変化を及ぼしているかを理解しようとします。また、人々の間で蓄積され共有されるパターンが、衝突への理解や応答の仕方に、どう影響しているのかを、把握しようとします。

処方的な視点では、紛争変革は、その当事者たちが、衝突の一因となっている文化的パターンを理解できるよう助けとなります。さらに、彼らが衝突に対して置かれた文化の中で建設的に応答し、取り組むために、その文化に備えられている支援・援助や解決への手法を特定し、促進し、築いていくことを目指します。

分析的な枠組みとして、紛争変革は、社会的紛争が、個人、関係、構造、文化といった人間経験の諸側面から発生し、その諸側面に変化をもたらすことを理解しようと努めます。介入の方策として、紛争変革は、以下に記す変化目標の指標の幅で建設的なプロセスを進めるのです。

紛争変革における変化の目標

個人

- 社会的な衝突の破壊的影響を最小限にし、個々の人格として成長し、健全であるための可能性を肉体、感情、知性、霊性のレベルで最大限に広げる。

関係

- 十分に機能しないコミュニケーションを最小限に抑え、理解を最大限に広げる。
- 関係において、感情や相互依存による恐れと希望に目を向け、取り組む。

構造

- 衝突で生じる暴力的やり取りや、他のさまざまな悪意に満ちた表現が起こる社会状況とその根本原因を理解し対応する。

● 敵対的な対立を減らす非暴力のメカニズムを促進し、暴力を最小限に抑え、最終的には暴力を完全になくす。

● 基本的な人間の必要を満たす社会構造の発展を促し（物質的な公平）、生活面で影響を被る人々が決定に最大限参与できるようにする（手続きの公平）。

文化

● 衝突における暴力的な表現の土壌となる文化のパターンを確定して理解する。

● 文化に備わっている支援・援助や解決への手法を明確にし、それを踏まえて衝突に対して建設的に応答し対処する。

V　解決と変革をつなぐ

私たちは紛争変革を、紛争と変化を見る一つの視点として探究してきました。こうしたアイデアは、どのように適用できるのでしょうか。これらを実践に移すとき、私たちは概念の領域から完全に離れることはできないのです。私たちは、自らイメージする目的を「大きな絵」として、発展させなくてはなりません。

言い換えるならば、特定の計画と応答を評価し発展させるためには、戦略的なヴィジョンが必要なのです。大きな絵は、目的と方向を見る助けとなります。それなしには、果てしなく続く問題、危機、溢れる心配の中に、自分自身をすぐに見出だすことでしょう。私たちの対応がどこに向かっているのか、明確な理解もないままに、大きな焦りと共に進むことになるでしょう。目の前の数多くの問題が解決されたとしても、本当に必要な意義ある建設的な社会変化をつくり出すことはありません。

私たちのガイドとなるメタファーを確定し分析することは、大きな絵の作成過程の一部です。まず、「解決」(resolution)と「変革」(transformation)のメタファーを比較することから始めるのが良いでしょう。

すでに言及したように、紛争変革(conflict transformation)は紛争解決(conflict resolution)とは異なる視点を提供します。それは、私たちのものの見方や社会紛争への対応をさえも変えてしまうほど、根本的な方向転換であると、私は考えています。私たちは、その実践的意義の大きさのゆえに、この新たな視点を分析しなくてはなりません。

変革から解決へと移行することは、私たちを導く理念を変え、拡大することです。これまでたいていの場合解決という用語が、私たちの解釈と行動への枠組みを提供してきました。

「紛争解決」は、活動家と研究者の双方によく知られ、広く受け入れられた用語です。半世紀以上もの間、この用語が一つの領域を定義づけてきました。その領域には、多くのアプローチ、理解、定義があり、その中には私が変革の視点で定義した方法に近いものもあります。しかしながら、本書の議論では、用語として「解決」と「変革」の定義付けに関心を向けるよりも、むしろ、それらの用語が表す意味や含みに関心を向けます。

最も基本的なこととして、解決という言葉には問題の解決策や解答を見つけ、その問題を解消する、という意味合いがあります。それは、通常、痛みとしての出来事と問題を終結させるという考えに導きます。〔英語で〕「resolution（解決）」という言葉は、「solution（解答／解消）」に「re」を加えることで、「決定的で最終的な」という意味合いを持たせます。結論を求めているのです。解決が導く質問は次のようなものです。「望ましくないことを、どのように終わらせるのか。」

「変革」は、私たちを変化へ向かわせます。物事がある形から違う形へとどのように移行するかを問います。この「変革（transformation）」という語に根本的なことは、変化のプロセスです。「form（形）」に「trans（別の状態へ移す）」を加えるからには、必然的に、現在の状況と新しい状況との両方を熟慮しなければならないのです。変革が導く質問は次のようなものです。「望ましくないことをどのように終わらせ、望ましいことをどのように建て上げるのか」。

「解決」は、しばしば私たちの注意を目の前の問題に集中させます。当面の問題を解消することを強調し、問題自体の内実に集中しがちです。このことが紛争解決の分野では、交渉術の文書が一般の空港の書店から著名な研究所のホールまで、大半を占めていることの理由でしょう。要するに、「紛争解決」は内容中心〔の方法〕なのです。

他方、「紛争変革」は内容に関心を持ちつつも、関係パターンの文脈に意識を集中させます。それは衝突が関係パターンの組織とその網目に置かれていると見るからです。

さらに一歩踏み込むことができます。「解決」と「変革」は双方ともプロセス重視を主張します。しかしながら「解決」では、プロセスを見る際、危機や分裂の症状が直接現れている関係自体に焦点を当てます。他方、「変革」は、目の前にある問題を一つの機会として捉えます。それは、より広い文脈を取り扱う機会であり、危機を生み出した関係システムとパターンを精査し理解する機会なのです。「変革」は、目の前の問題と関係パターン全体の双方に取り組みます。

このことは、眼前の必要への不安を越えた長期にわたるヴィジョンが求められています。「変革」は危機に振り回されるのではなく、むしろ危機に対応するアプローチを積極的に追求します。「解決」しようとする衝動は、目の前の問題にうまく対処することで、痛みと不安の一時的解消へと導きます。そのような解決策は、問題を引き起こしている隠れた背景と関係のパターンを扱わないこともあるでしょう。

最後に、どちらの視点もそれぞれに付随する紛争観があります。「解決」は衝突を縮小する方法に最も集中する傾向があります。しかし、「変革」は衝突を縮小することと、衝突と深く関わることの両方を含み、場合によっては建設的な変化を求める中で、衝突が拡大することさえあるのです。建設的な変化は、さまざまな役割、機能、プロセスを必要としています。そして、それらは紛争を公に明らかにすることもあります。

要するに、紛争変革のアプローチは、紛争解決の基本的用語によって伝えられているさまざまな提案やアプローチを含みますが、それらに縛られてはいません。紛争変革は、特定の問題の〔表面にある〕解決や、紛争のエピソード（episode）に集中するプロセスを越えて、〔より深く〕衝突の震源（episcenter）を追い求めるのです。

紛争のエピソードとは、人間関係または社会制度の中に発生する衝突の目に見える現れのことです。通常、それは固有な時間的枠の中で起こります。対応を必要とするある一連の問題が起きると、そこに人々の注目が集中し、多大なエネルギーがつぎ込まれていきます。衝突の震源は、関係が織りなすパターンであり、しばしば生きたエピソードの歴史を提供し、そこから新しいエピソードや問題が立ち現れるのです。エピソードが人間関係に紛争のエネルギーを解き放っているとすれば、震源とはエネルギーが作られる場なのです。


震源に焦点を当てることで、核となる一連の問いが引き出されます。

ある問題がまさに生じている、その関係とパターンの大きな絵とはどんなものなのでしょうか。

直面している問題にも、危機をつくり出すより広い背景にも対応するには、どのような可能性と必要な変化プロセスがあるのでしょうか。

現実の危機の中で、そこに埋もれている種子と可能性から、どのような長期的ヴィジョンを構築することができるでしょうか。

紛争変革は
紛争のエピソードと

震源（エピセンター）の両方に取り組みます

「変革」という考えは、時間の見方を広げます。関係や社会的文脈といった大きな枠組みの中に問題や危機を位置づけます。解決と進行中の変化プロセスの両方を眺めるレンズを作ります。「変革」のアプローチが、創造的な解決の鍵として提案するのは、一つの舞台を設計することです。状況に対して柔軟に応答するその舞台は、現れている問題や危機そのものによって建設が可能となるのです。衝突のエピソードは、衝突の震源と取り組む良い機会となります。

紛争解決と紛争変革
視点の比較

	紛争解決の視点	紛争変革の視点
鍵となる問い	どのように望ましくないことを終わらせるか。	どのように破壊的なことを終わらせ、望ましいことを建て上げるか。
焦点	内容中心	関係中心
目的	危機を生み出す進行中の問題に合意と解決策を打ち立てる。	目の前の〔問題の〕解決を含むが、それに限定せず、建設的な変化プロセスを促進する。
プロセスの展開	危機の症状や分裂が現れている関係の周りに、直接組み込み建て上げる。	目の前にある問題を、症状に応答する良い機会として見ると共に、関係が組み込まれている社会制度を扱う。
時間の枠	痛み、不安、困難を緩和する短期的な時間枠	変化の過程を含む中長期的な時間枠で、危機に振り回されるのではなく、危機に意図的に対応する。
衝突の見方	紛争解決は、衝突エネルギーの縮小こそが必要なのだと見る。	紛争変革は、衝突を社会生態学的に捉え、建設的な変化をもたらす衝突の激化（潮の満ち）とその沈静化（潮の干）のダイナミックな関係として見る。

Ⅵ　紛争の地図作り

前章で提案した紛争変革の「大きな絵」は地図や図表（図–1）として描くことができます。それは三つの主要部分から成り立っていて、それぞれが紛争への対応と戦略を展開する上で問われるポイントを表しています。まず最初の問い「現在の状況」から始めましょう。

問い1：現在の状況

図–1は、ご覧のように複数の楕円形で表された領域をセットとして配置して「現在の状況」を描いています。領域というメタファーは起きていることを調べ、意味付けし、行動を起こす範囲やスペースについて考える助けとなります。円とは対照的に領域はいくらかゆるやかな境界線を持っています。それは、「活動範囲」という言い回しにも見られます。領域は、展開し続けるスペースへと私たちを招きます。

この図では、直面している問題は、パターンの領域に置かれ、さらにそれが歴史という領域に配置されています。このことは直面している問題が文脈に根ざしていることを想い起こさせ、さらにその関係パターンや構造がすべて歴史に根ざしていることを気づかせます。

直面している問題の鍵となることは、現在と過去との逆説的関連です。「物事がどのようであっ

図 -1：紛争変革の大きな絵

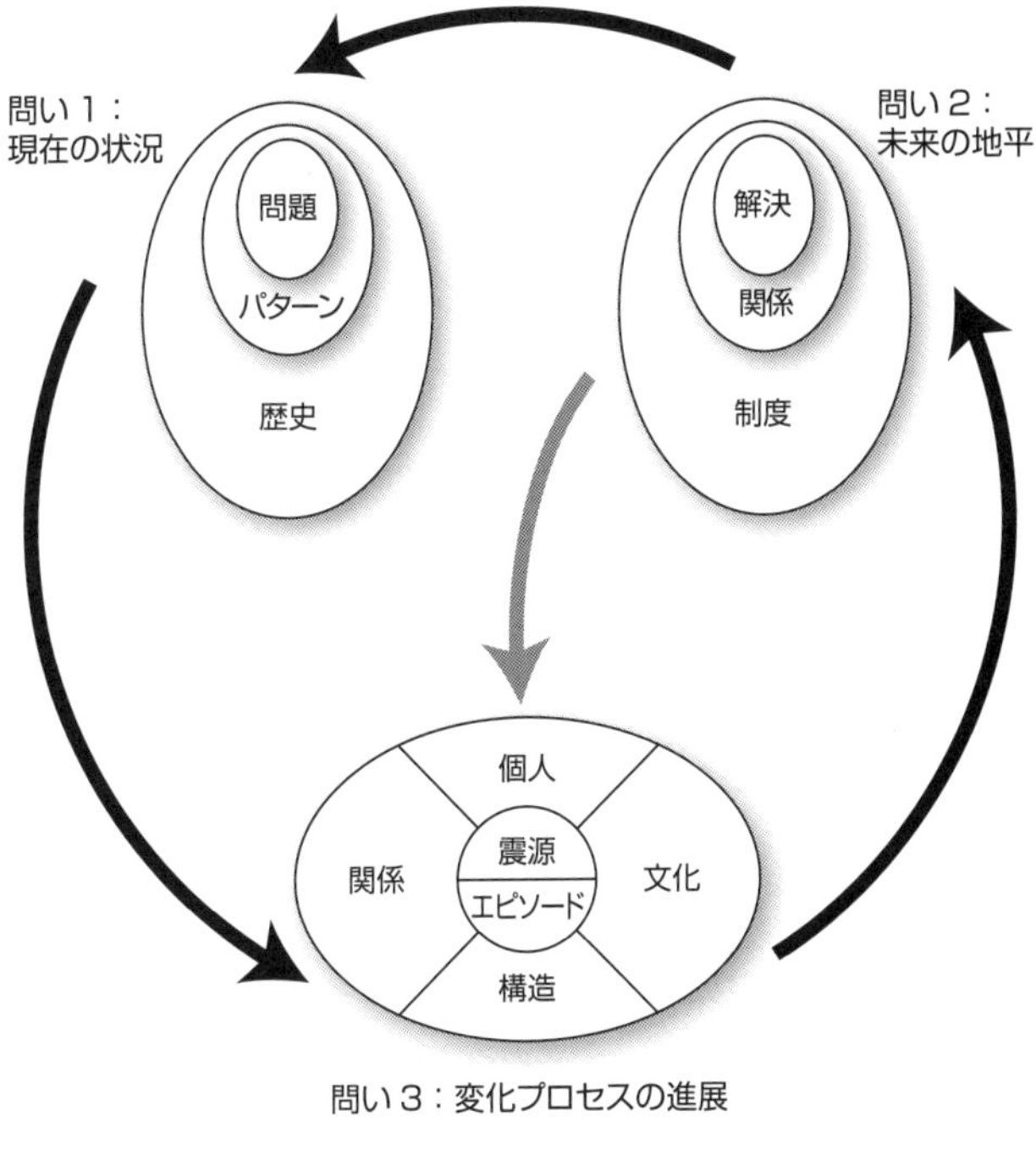

たか」というパターンは、直面し議論されている問題が表面化される文脈を浮き彫りにします。現れている問題は、記憶じたり認識したりする良い機会をつくりますが、その問題自体には、すでに起こったことを積極的に変えていく力はありません。建設的な変化の可能性は、起こったことを認め、理解し、正そうとする私たちの潜在的力にかかっているのです。積極的な変化を起こすには、新しい関わり方をつくり出し、未来に目を向けた関係や構造を建て上げようとする意志が求められます。

私たちの定義に戻りますと、現れている問題の緊急性と、それらの問題で争う人々によるエネルギーは、紛争の「エピソード的」な現れを明らかにします。現れている問題を通り抜けて、関係や歴史のパターン領域に進むと、衝突の震源へと連れて来られます。その震源は、新しいエピソード——似ていることも、異なることもあるが——をいつでも再生する力があるのです。変革は、エピソードと震源の両方を見て理解しようと努めます。このことは私たちを、もう一つのレベルの問い(問い3)へと導きます。しかし、その前にもう一組の領域、すなわち未来の地平をまず検討しなければなりません。

問い2：未来の地平

第二の問いのポイントは、未来の地平について考えるのを助けます。地平のイメージは、未来をイメージするのに適しているでしょう。地平（線）は見ることはできても、それに触れることはできません。地平は方向を示すことができても、そこにたどり着くには何日も旅路を進まなくてはなりません。未来は、描くことはできますが、コントロールすることはできないのです。

大きな絵（図─1）では、未来をいくつかの領域のセットとして表し、ダイナミックに開かれて展開する未来を表現しようと試みました。この調査と関わりのスペースには、即時的な問題解決、関係、制度という小さな領域が組み込まれています。それらは直面している問題に対処する可能な限りの手段を模索すると同時に、関係パターンと制度のパターンのプロセスに取り組むことでもあります。未来の地平を問うことは、さらに次のような問いを投げかけます。

私たちは何を建て上げようと望んでいるのか。

この場所にどんな理想を見ようとしているのか。

即時的な解決のレベルや関係と制度のパターンなどの潜在するレベルといった、問題のあらゆるレベルにどのように取り組めるのだろうか。

現在の状況と未来の地平という二つの領域のセットに関連する二つのレベルの問いだけが大

きな絵を構成しているとするなら、現在の状況から望まれる未来への直線的変化のモデルがあればよいでしょう。しかし重要なことは、双方が関連する循環として、全体の図を描くことです。私たちは矢印によって描かれたエネルギーに、その循環を見ることができます。現在の状況の領域は、問題について何かしようと押し出す力をつくります。それらは変化への衝動をつくり出す社会的なエネルギーのようなもので、前方へと向かう矢印で描かれます。別の側面から見ると、こうしたエネルギーが用いられて、未来の地平が開かれ、何かを建て上げるという可能性へと向かうのです。方向付けし、方向を伝達する社会的エネルギーを、未来の地平は現しています。ここで矢印は現在の状況に戻る方向と、現れるであろう変化プロセスの領域の両方に向けられます。矢印の組み合わせは、全体的な循環を描き出します。言い換えるならば、私たちの大きな絵は循環と直線双方のプロセスを含む、いわば、すでに紹介したプロセス構造なのです。

問い3：変化プロセスの進展

変化のプロセスを考案しそれを育てていくという三番目の最も重要な問いに入ります。こうしたプロセスは再び構成要素が組み込まれたある領域として描き出せます。この領域全体に目を向けることは、衝突への応答を変化のプロセスとして捉えることを前提とするのです。このプロセスには、個人、関係、文化、構造という四つのすべてのレベルにおける、相互の必要、関係やパターンなどが網の目のように関連しているのです。

このアプローチは
解決の交渉を超えて、
何か新しいことを
建て上げます

「プロセス」が単数ではなく、複数であることに注目してください。いくつもの変化のプロセスには統一性が必要とされます。また、それぞれが異なりつつも相矛盾することなく、複合的で相互に依存した働きかけを必要とするのです。変革は、単に一つの操作可能な解決だけに取り組むのではなく、変化のさまざまなプロセスのあらゆるレベル、あらゆるタイプを考察するよう求めます。変化プロセスは、エピソード的な内容、パターンと文脈、さらには震源など、すべてに取り組むのです。私たちは複合的な変化プロセスを概念化しなければなりません。それは、直面している問題の解決と同時に、関係や制度のパターンを長期的に変化させるために舞台を作るプロセスなのです。

そこで、最も広い意味で、変革の枠組みは三つの問いによって構成されます。すなわち、現在の状況、望まれる未来の地平、それら二つを結ぶ変化プロセスの進展に関するものです。現在から望まれる未来への動きは直線ではありません。むしろ、直面する個別な必要に対応する中で、変化のプロセスを発動し、長期的な変化の戦略を進めるダイナミックな一連の働きかけを表します。そしてそれは、直面する特定の必要に対応する中でなされるのです。紛争変革は、次のような課題に直面します。

どのような種類の変化や解決が必要なのだろうか。

どのレベルなのだろうか。何が中心にあるのか。

どのような関係が背後にあるのだろうか。

そのような枠組みは、望ましくないことをいかに終わらせ、望ましいことをいかに建て上げるかという課題を強調します。このアプローチは、解決にいたる実践と、変革への方向付けとを結びつけることを覚えてください。解決の実践は衝突関連する個々の課題を処理したり、その「繰り返し」を阻止する方法を探します。それに対して、変革の方向付けは関係と制度のレベルで進行中の変化を建て上げる働きをします。一方で、この枠組みは現れている問題と衝突の内容に取り組み、双方が受け入れられる解決を見出すように努めます。それらは、しばしば暴力を減らし継続する衝突の拡大を阻止するプロセスです。他方で、このアプローチは解決の交渉を超えて、何か新しいことを建て上げるのです。そのためには、関係パターンと歴史的な文脈のより広い理解から起こるさまざまな変化プロセスの相互作用が求められるのです。

変革は、解決および社会変化への働きかけの両者の折衝なのです。それは、現実の生活をリアルタイムに現場で扱う創造的な応答を追求しつつ、現れている問題を通して、またそれを超えて、より深いパターンを理解する能力を必要とします。しかしながら、このアプローチをより包括的に理解するために、どのように創造的な変化の舞台を「プロセス構造」として概念化するのか、またそれらをどのように発展させられるのかについて、より完全な理解が必要なのです。

Ⅶ 変化の舞台としてのプロセス（過程的）構造

〔前章で扱った〕概念の地図を心に留めつつ、この章では「変革」が実際にどのように働くのかを考えなければなりません。そのための鍵となるチャレンジは、直面しているニーズに創造的に応答しながら、同時に、望ましい継続的変化を状況に適応しつつ作り出すことができる舞台あるいは戦略的計画をいかに進展させ維持するかということです。それは「プロセス構造」としての舞台を考えることにより可能になります。

ニュー・サイエンスでは、「プロセス構造」を、機能的で、認識され得る形態と構造とを維持しながらも、状況に適応しつつ変化し続けるダイナミックな自然現象として描写しています。マーガレット・ウィートリー（Margaret Wheatley）は、「プロセス構造」とは「長期間形態を維持しながらも、凝り固まった構造を持たないもの」と言っています。[2] これは直線と円という、相反する両側面を持つ現象でもあります。「プロセス」と「構造」という二つの言葉をつなぎ、「プロセス構造」という一つの造語とすることによって、ある現実を強調しています。それは、適応能力と目的という、相互依存する二つの特徴を結合した一つの概念によって表されるのです。

紛争変革は、これら二つの特徴を持ったプロセスの産物として、紛争とそれに対する私たちの対応を描き出します。変化そのものが「プロセス構造」の感覚を持っているのです。円と直線の違うところと良いところとを、どのように理解できるのか、さらに詳しく調べていきましょう。

循環と直線の両方

循環するとは、物事がめぐることを意味します。考えが堂々めぐりするというように、循環するという言葉は否定的な意味を含むことがありますが、肯定的に使われることもあります。第一に、物事が関連し、つながり合っていることを思い起こします。第二に、あるものの成長が、しばしばそれ自体のプロセスと原動力によって自らを育むことを、循環という語が示します。第三として、私たちの研究に最も重要なことは、循環という概念は、変化のプロセスが一方向のみに進むのではないことを気づかせます。建設的な対応の舞台を作る取り組みが、潮の満ち干のように時に成功し、時に失敗することを経験するときに、とりわけこのことを心に留めておくことが重要です。

循環〔という概念〕は、実際にどのように社会の変化が起きるのか、私たちに注意深く考えさせるのです。しばしば私たちは過去の変化をバックミラーに映る、過ぎ去った風景のように見て、

(2) Margaret Wheatley, *Leadership and the New Sciences* (San Francisco, CA: Barrett-Koehler Publishers, 1994) p. 16.

物事があるところから別のところへとどのように動いたかという〔過去の〕パターンを見ます。しかし、変化のただ中にいて、いったい何ができるのだろうかと前を見るとき、変化のプロセスが明確で均整のとれたものとして見えることは決してないでしょう。変化は均一に起こるのでも、一方向にまっすぐ進むのでもないことを、循環〔の概念〕が気づかせてくれるのです。

変化の循環

循環を、時間の経過にあてはめることから始めましょう（図-2を参照）。そのためには実際の変化をどのように感じるのかに注目することが有益だと分かりました。特にある種類の社会変化に深く関わったり、困難な紛争のただ中にいるときはなおさらです。図-2は四つの一般的な経験を明示しています。それらは全く異なりつつも、互いに結ばれており、循環としての変化の一部を担っています。

〔循環の第一のステップ〕：時として、望んでいる変化が起き、前進しているように感じます。物事は望んでいる方向やゴールに向かって、そして自分自身や関係する人々が願っている方向に

図 -2：循環としての変化

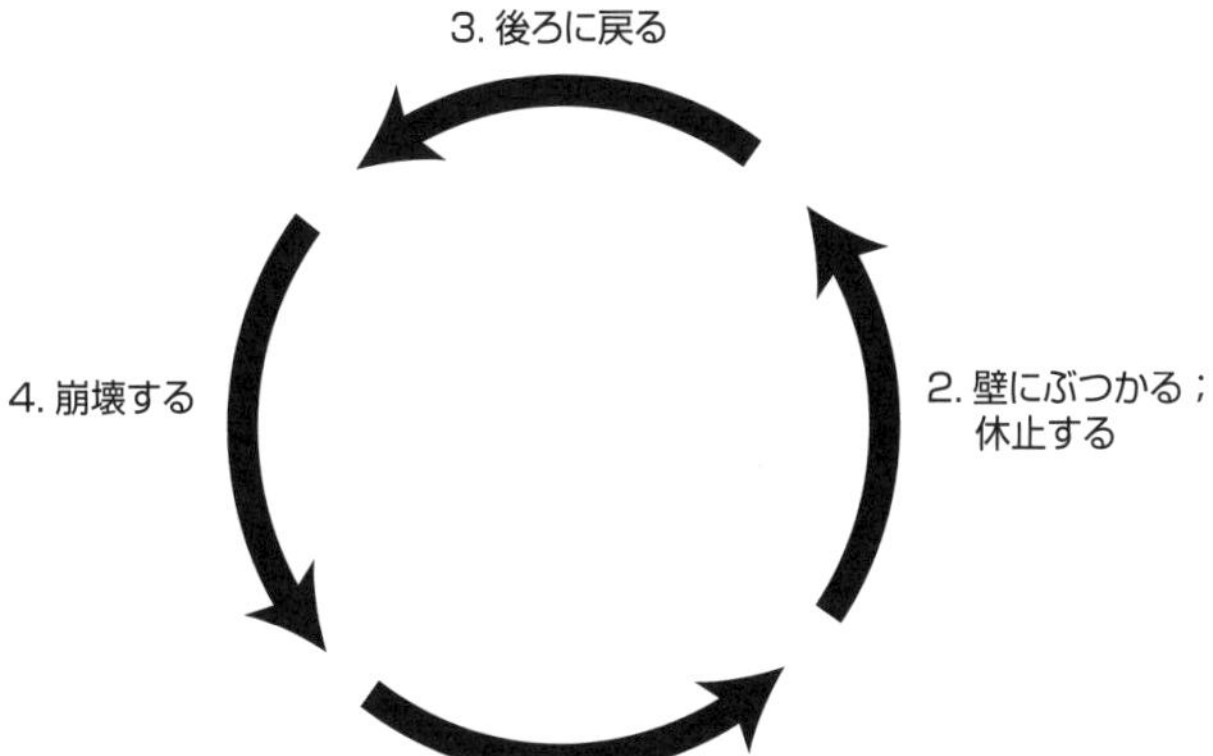

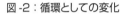

動いていきます。

〔第二のステップ〕：別のときには、行き詰まったように感じます。すべてを遮断し、阻む壁がそそり立っていきます。

〔第三のステップ〕：変化のプロセスが後退しているように見えるときがあります。すでに成し遂げたはずのことが、今はダメになったように感じます。「たった一つの打撃で、何年もの働きがもとの木阿弥になってしまった」という言葉が聞こえてきます。「潮に逆らって泳ぐ」ことや「流れに逆らって進む」ことを経験します。これらのイメージは、変化というるものが、たとえ積極的な変化であっても、前進するのと同じくらい後退することも含むという現実を強調しています。

〔第四のステップ〕：完全な崩壊の中を生きているかのように感じるときがあります。物事はただ後退するだけではありません。むしろビルが崩れ落ちるように、ばらばらに崩壊していきます。紛争と平和構築の満ち干の中で、しばしば「ゼロから出発し直さなくてはならない」という言葉を伴う、深い落ち込みの時期を経験します。

変化の循環において、これらすべての経験は、起こる順序がいつも同じではありませんが、通常、起こることなのです。変化を循環として捉えることが、これらのステップを理解し、予測する助けとなります。

循環は、〔四つのステップの〕どれか一つが、より大きなパターンを決定付けはしないことに気づかせます。むしろ変化とは、さまざまな組み合わせのパターンや方向性など、すべてを含む全体を意味しています。

循環は、それぞれのステップで、「前進を急ぎすぎるのは賢くない」と、注意を促します。障害にぶつかることは、現実認識の甘さを問うことにつながるでしょう。後退することは、もっと革新的な道を切り開くことになるかもしれません。倒れることは、全く新しい方法で建て上げる機会となるかもしれません。

すべてのステップに、循環思考は「見る」「分かる」「適応する」という実践的な行動を促します。それは、いのちと同様に、変化は決して静的ではないことに気づかせます。これこそはダイナミックな「プロセス構造」の循環の部分なのです。

他方で、変化の直線的側面の特色は、物事がある点から次の点へと動くということです。数学では、直線は二つの点を結ぶ最短距離です。物事の輪郭に沿ったり、迂回したりしないのがまっすぐということです。直線的な方向付けは合理的な思考、原因と結果という純粋に論理的に理解することを伴うのです。それでは、先ほど変化とは一方向のみに進むのでも純粋な意味での論理思考でもない、とした変化の循環的な特性は直線思考とどのように関連するのでしょうか。変化の直線的な性質の認識は、全体的な方向と目的への意識を促します。これは、それぞれに異なる要素が関わり合い、一つの総体へと織りなされる関係のパターンとして見る、もう一つの本質的な見方です。

直線的な視野は、社会の勢力が広範にわたり、通常は肉眼では見えず、短期的な枠ではほとんど観察できないことを示唆しています。直線の観点は、一歩退いて社会紛争を見つめ、歴史と将来を含む、私たちが望む変化を見つめるように問いかけてきます。特に、直面している経験だけではなく、循環のパターンに注意を向けることが必要です。

プロセス構造としての変化

図―3は、「プロセス構造」を簡潔に図示しています。この図は、全体にわたる弾みと方向をつくり出す力動的な循環をつなぎ合わせています。ある人はこれを輪と呼ぶかもしれません。共通の繰り返される多方向の運動を生み出す、内的パターンをつくる渦巻き〔運動〕です。

〔社会〕科学の研究者の集まりで、直線思考に反対する〔循環思考の人々〕が、「直線性は、決定論的な方向へ変化するのだとみなし、結果を予測し未来をも変えていく私たちの力を妨げている」と、論じています。これを良い警告と受け止めつつも、私は物事を動かす力の欠如や決定論が、目的や方向付けと両立しないとは思えません。スペイン語で表現するように、「私たちの北」を見出さなければならず、実際に変化がどのように起き、どの方向へ行こうと考えているのかを明確にしなくてはいけません。これは、直線的に見るという賜物です。それは、どのように物事が関係しているのか、どのように運動が生じ、どの方向に全体として流れているのかについて、自分たちの考えを明らかにします。言い換えると、直線的なアプローチは変化の理論を公表し、試すように強

図-3：単純なプロセス構造

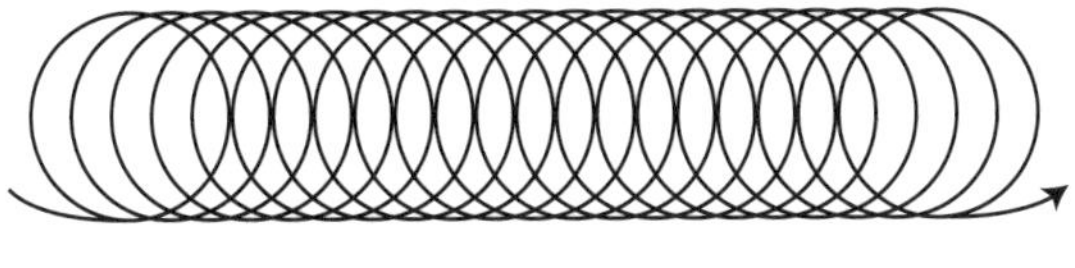

く促します。こうした理論は、ほとんどの場合、言葉や反射的な行動の深層に潜んでいても、探究されないまま放置されています。直線的な考えからは、こう問いかけます。「なあ、意図が良ければ充分という訳ではないんだ。この行動が実際どんな変化をつくり出し、何が変わり、どの方向へ進むのか〔が大切〕なんだ」。衝突のただ中で、変革の舞台を作るための鍵は、循環的な視点と直線的な視点の両方を、適切に持つことにあるのです。

変革の舞台

変革的なアプローチは、継続し適応する土台を、衝突の震源である「舞台」に建てます。舞台はトランポリンの台のようなもので、そこに立ち、飛び上がるための土台を提供します。舞台は衝突のさまざまなレベル（大きな絵）を理解することを含んでいます。直面している問題や衝突のためのプロセス、未来のヴィジョン、その〔ヴィジョンの〕方向へ進む変化プロセスの計画を含んでいます。この土台から、ニーズへの短期的な解決の過程を生み出し、それと同時に、制度とさまざまな関係に長期にわたって戦略的に、建設的に変化をもたらすことが可能になるのです。

図―4は「プロセス構造」（図―3）に、衝突のエピソードが展開していくことと、すべての背後にある舞台とを合わせ加えた考えを表しています。「プロセス構造」の渦巻きは、衝突の震源として見ることができ、衝突の山や波はエピソードとして見ることもできます。衝突の普通の上がり下がりと変化は、プロセスが生じ、持続する土台を提供します。衝突の広がりは、この土台を確立して支える機会をつくります。変革の視野から、直面した衝突と問題解決のプロセスを進展させることは重要ですが、鍵ではありません。より重要なことは長期的に以下のプロセスをつくり出すことです。

（1）現在も将来も繰り返される紛争エピソードに相応しい対応を提示するこ

図-4：変革の舞台

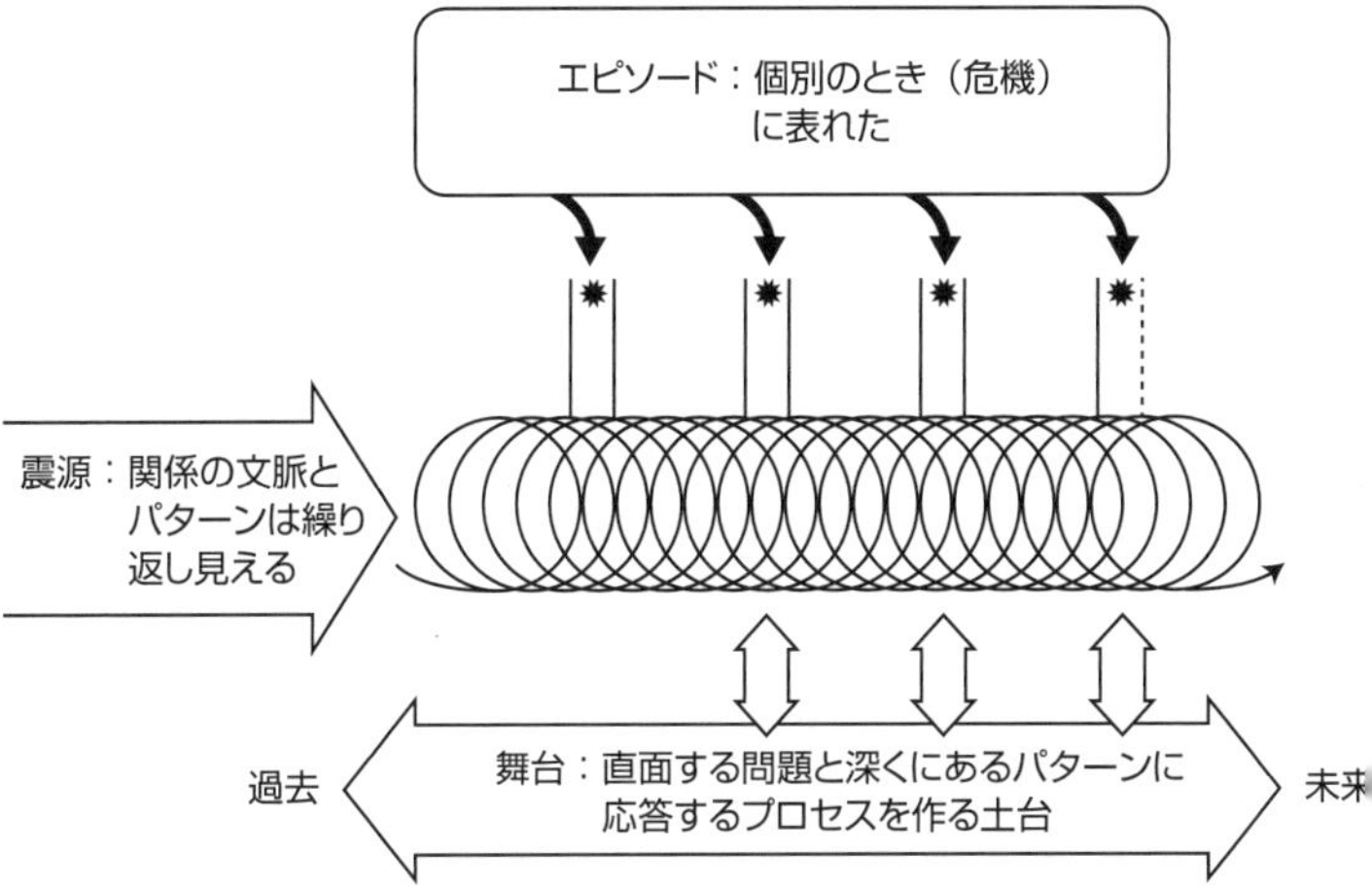

と。

（2）暴力的、もしくは破壊的な紛争の関係パターンや組織パターンと深く長期的に取り組むこと。

紛争変革の舞台には、短期的な対応と長期的な戦略があるべきです。それはエピソードと背景か震源の両方に対応する変化プロセスをつくり、また再生する能力を持ち合わせなければならないからです。その力動性と複雑さによって、舞台は「プロセス構造」となるのであって、プロセスだけ、もしくは構造だけでもないのです。変革の舞台は適応力のあるものでなければなりません。なぜなら衝突と変化は絶えず起こりますが、それらが持つ特定の解決や「衝突の」形は一時的なものだからです。

紛争変革は、循環しつつも目的ある旅路です。この旅路を行くには、準備が必要なのです。

Ⅷ 私たちの能力を伸ばす

紛争変革の概念を考えることから適用に進むにあたって、以下のことを個人的な訓練として深める大切さに気づきました。

訓練1：現れている問題を窓として見る能力を伸ばす

変革的アプローチは、現れている問題の要求に振り回されず、圧倒されず、捕われずに、直面している状況を見る能力を伸ばすことが求められます。その場しのぎの解決へと押しやる切迫感、また、紛争がエスカレートするにつれ、関係のシステムに伴うことの多い不安を回避する能力が必要です。この実践の鍵となる訓練は、次のようなものです。

（1）現れている問題の向こうを見て、わかる能力。
（2）他者（個人や集団）の状況を理解する共感性。ただし、人々の不安や恐れの渦に飲み込まれてはいけません。
（3）現れている問題を真剣に受け止め、その場しのぎの解決に引き込まれることなく、対応する具体的道筋を作り出す能力。

どうしたらこれらの能力を伸ばせるでしょう。一つの方法は、現れている問題を窓として見ることです。窓はそれ自体大切ですが、ふさわしい場所に収まると、めったに窓そのものを見ることはありません。ガラスを通して、その向こう側にあるものに関心を持ちます。同様に紛争変革では、早急な解決を求めようとして、問題そのものを第一のこととして注目することはありません。むしろ、問題を通して、直面している状況の向こうにある景色に焦点を合わせるのです。このためには衝突の内容と文脈とを区別することが求められます。

私たちが直面している問題を窓として用いるとき、二つのレンズで紛争に近づきます。一つ目のレンズは事実そのものに焦点を当て、もう一つのレンズはその事実の内側に、または向こう側にある文脈と関係のパターンの性質を捉えようとします。このアプローチは、危機の兆候的な内容と呼ばれるものと感情の動きの支えとなるものとを、区別するように私たちを導きます。[3]

(3) ジョイス・フッカーとウィリアム・ウィルモットの研究書 *Interpersonal Conflict* の内容と関係の議論、そしてエドウィン・フリードマンの著書 *Generation to Generation* の心配、感情のプロセス、兆候の内容を参照ください。

見つめる能力と見通す能力は、変化しつつ展開するプロセスを可能にし、そのことによって直面している内容に対応し、その出来事が生じた大きな文脈とも取り組むのです。

訓練2：多面的な時間枠を統合する能力を伸ばす

大切な第二の訓練は、直面している状況を窓として、その向こう側を見る能力です。それは時間の制約に捕われることなく、しっかり考えて行動する能力です。これは単に、危機での切迫した精神状態によって近視眼的になることを防いだり、矯正しようとすることではなく、むしろ短期的な対応と長期的な変化を統合する戦略を作り出すことです。私たちは短期的には素早く対応し、長期的には戦略的になるべきです。

このアプローチには、多面的な時間枠を伴うプロセスが必要とされ、その多面的な時間設定になじむことが大切になります。

この能力を伸ばすのに役立つ明確な手段の一つは、異なったレベルにおける特定のニーズとの結びつきで時間を視覚化することです。ある団体の文化と取り組むような、組織全体にわたる変化は、数年のプロセスとして考える必要があるかもしれません。例として、どのように新しい職務声明を反映し、どのように各部署を再構成し調整するか、というようなことです。その議論が進められる間、次の一年はだれが土曜出勤の責任を負うのでしょう。このような問いは、特定の問題に対して明確で実行可能な解決をもたらす短期的なプロセスが直ちに必要です。

もし人々が、何が、いつ、なぜ起きているのかがわかるならば、そしてもし人々がプロセスの種類とそれぞれ備えられた時間とを統合して輪郭を描くことによって、見える時間枠を持つことができるならば、直面する問題の解決と長期の戦略的な変化のアイデアをもっと容易に理解することができるはずです。変革思考の実践者は、プロセスに関連するどの時間枠が、多種の変化に必要であるかを認識する力を養わなければならないのです。

訓練3：ジレンマとして紛争のエネルギーを引き起こす能力の促進

私には「そして同時に」という表現を用いて、二つの思索をつなぐ傾向があります。これは文書作りの単なる癖ではなく、私の思考法、そして視点設定の一部です。それは私が「あれかこれか」という「二者択一の思考」から「あれもこれも」という思考枠へと転換しようとする努力の表れです。私はこれを、「衝突をジレンマとして受け止める技術と訓練」と呼んでいます。

このアプローチが最初に浮かんできたのは、根が深い暴力的な紛争状況においてでした。緊急の処置と選択を必要とする非常に困難な問題がありました。当事者にも私たち現場の人間にさえも、明らかな矛盾を引き起こす決断と向き合っているように見えました。事例として、1990年代初頭に、ソマリアの救済援助機関で働いていた私たちは、悲惨な戦争と干ばつと飢饉の真っただ中で、毎日のように数々の圧倒される決断と奮闘していました。一見したところ、どの選択肢も適当とは思えないとき、どこにエネルギーと応答を向けたら良いのかという難しい選択に直面しました。武装集団が私たちの援助を利用して戦争を続けていることを知っているにもかかわらず、私たちは食物や救援物資を送り続けるべきでしょうか。戦争が飢饉を招き救援物資が必要となっている主要な原因の一つなのです。それとも、意図に反した戦争への貢献を避けるために、食料支援を止めるべきでしょうか。人道主義の深刻な現実に無力さを感じつつ、平和主導の働きをするべきでしょうか。なんと多くの場合に、私たちの問いの立て方が、私たちの戦略を制限してしまうことでしょう。

物事を問う枠組を〔二者択一〕から「あれもこれも」に変えたときに、私たちの考え方が転換しました。紛争という場において、「目標」と「力〔関係〕」とは確かに違うものではあるものの、相矛盾するものではないことを認識するようになったのです。私たちの状況で競合する力関係の中からどちらを選ぶのかという問いの立て方よりも、両方をいかに同時に含むのかという問いの立て方を再構成するのです。このような状況で、いかにして平和をつくり出す力をつけ、そして同時に人道的支援を生み出す仕組みをつくることができるでしょうか。問いの形成とは、奥に潜んでいる力関係を認め、プロセスと応答を統合的に結びつけ発展する能力をつくり出すことにほかなりません。

私たちがジレンマと矛盾を受け止めるとき、明らかに矛盾することに取り組んでいる訳ではないという可能性が紛争の中でも見えてきます。むしろ私たちは、異なるけれども依存し合う複雑な状況への認識と応答に、向き合っているのです。もし、私たちが厳格に二者択一か、相対立する用語で考えるのなら、複雑さに対応することはできないでしょう。複雑さは、ある状況における鍵となる力関係を見極め、相互に依存する目標として、それらを統合する能力を伸ばすように私たちに要求します。

ある単純な公式が、ジレンマと矛盾の世界への入口に私たちを導きます。即時に現場でその公式を適用するには、相当の訓練と繰り返し、また創意工夫が求められます。その公式とはこれです。「Aに取り組みながら、どのように同時にBを建て上げることができるか。」

変革の核心にあるのは、ジレンマとしての状況に身を置き、明らかな矛盾を背負って生きる力なのです。ジレンマのただ中での芸術性は、より大きな絵をもって現実をそのまま捉える方法を生み出し、特定の行動へと私たちを動かします。

ジレンマとは、複雑性という意味を含みます。こうした見方は、複雑な現実から逃げることなく、むしろその複雑さの価値がわかる能力を示唆しています。さらに、すべてを整然かつ理論的に首尾一貫したパッケージに入れて、強引に解決にこぎつけることに抵抗させます。このことは、しばしば、啓発する必要があるもう一つの能力（訓練4）を提唱します。

訓練4：複雑さを敵とせず味方にする能力を伸ばす

紛争において、特に長い間、建設的に取り組まれなかった歴史的なパターンとエピソードがあるとき、人々は圧倒された気持ちになります。こんな声が聞こえてくるでしょう。「この状況はなんとひどいことか。あまりにも複雑で、説明しようにも、多くのことがありすぎる」。複雑さの兆候と声が頭をもたげています。紛争変革の課題は、いかにして複雑さを敵ではなく味方にするかです。

変革の核心にあるのは、
ジレンマとしての状況に身を置き、
明らかな矛盾を背負って
生きる力なのです。

紛争がエスカレートするときには、〔事態の〕複雑さは私たちを次のような状況に追い込んでいきます。すなわち、何を意味しているのかを問う解釈の枠組みが多様で、それらが相対立してしまうと感じるような状況です。私たちは多くの出来事に直面します。それは多様なレベルで、異なる人々の間で同時に起きています。複雑さは多面性と同時性を併せ持ちます。まさにその本質によって、紛争における複雑さが、曖昧さと不確実さを高めるある空間を生み出してしまいます。物事ははっきりとはしないのです。私たちは起きているすべてのことの意味の不確かさへと放り出され、どこへ向かうのかもわからなくなり、起きている出来事をほとんど、あるいは全く制御できないのではないかとすら感じるのです。複雑さが、いつまでも続く頭痛をもたらす敵に見えても無理のないことです。しばしば問題を単純化したり、矛盾の解決が救済策をもたらすと信じられても不思議ではありません。

私たちは皆、複雑さに対してある程度の許容力を持っていますが、誰でも、それぞれ飽和状態となるポイントがあります。その飽和状態になったとき、ある人はその場を離れ、ある人は逃げることで対処します。他の人々は留まりながらも、複雑さを取り去るための即座の修正や解決を見つけようとするでしょう。さらに他の人は、多様な意味や局面を無視することによって衝撃を減らそうとするでしょう。私たちは、何が起きているかについて、ただひとつの解釈に留まり、頑なに固執し、〔そのようにして〕複雑さは敵となってしまうのです。

逆説的に言えば、エイブラハム・リンカーンが捉えていたように、「敵を本当に排除する唯一の方法は、敵を味方にすることです」。複雑さは、考えることが多すぎるという感覚を起こさせるとはいうものの、それが望ましい建設的な変化を建て上げるための、まだ口にされていない可能性を備えているのです。複雑さが持つ素晴らしい長所の一つは、変化が、ただ一つの事柄に、一つの行動に、一つの選択肢に縛られていないことです。実際に、複雑さは私たちにキャンディのお店にいる子どもの気分を起こさせます。それは私たちに選択肢がほとんどないから限界を感じるのではありません。むしろ、あらゆる可能な選択肢によって得られる広範な経験が不足しているから、限界を感じているのです。

この四つ目の訓練の鍵は、信じて追求すること、そして決して頑なにならないことです。第一に、変化し前進するための選択肢と道筋を作るシステムの潜在的力を信頼しなくてはなりません。第二に、建設的な変化のために、明らかに期待し得る人材を捜し求めるべきです。第三に、決して一つのアイデアや一つの道筋だけに固執してはいけません。

しばしば複雑さは、実に多くの選択肢を明らかにします。もし、それらの選択肢に注目するならば、古いパターンへの新しい見方をつくり出すことができるでしょう。

訓練５：アイデンティティの声を聞き、関わる能力を伸ばす

紛争の震源において、現況の背後にあるパターンを探し、見出すべきことを、私は繰り返し提案してきました。しかし、私たちは何を探し、何を聞き取ろうとしているのでしょうか。最も本質的なこととして一貫して見出されるのは環境からくる騒々しい雑音の中で奮闘し、ときには失われているアイデンティティの声に耳を傾けながら関わることです。私の経験では、アイデンティティの問題は、ほとんどの紛争の根の部分に存在します。それゆえに、アイデンティティの役割を尊重し理解する能力は、紛争の震源を理解するために不可欠です。

アイデンティティの問題は、個人や集団としての自己保存の感覚の最も深い部分に関わり、紛争中においてはとりわけ重要です。アイデンティティは紛争の表現を形作り、その行方を左右します。多くの場合、現れている状況に対する深く切実な要求と望まれる結果として表されます。最も深いレベルにおいて、アイデンティティは、どのように自分自身を見るか、自分は何者なのか、どこから来たのか、どのようになり、何を失うことを恐れているのかという物語の中に表されます。そのように、アイデンティティは個人や集団が他の人々とどのような関係にあるのか、そしてその関係がどのようにそれに所属する者の自己理解に影響しているかという感覚に深く根付いています。アイデンティティの事柄は紛争に関わる根本的なことであるにもかかわらず、紛争において明確に取り組まれることがあまりありません。

アイデンティティは凝り固まった、動きのない現象ではありません。むしろ、アイデンティティはダイナミックで、特に紛争時には定義と再定義が繰り返されます。また、アイデンティティは関係において最も良く理解されます。もし、世界中に青しかなかったとしたら、青は色彩を失うでしょう。青を見分けるには〔他の〕色の配列が必要なのです。すなわち、色同士の関係の中でこそ「青」はアイデンティティと意味を持つのです。

このことは変革的なプロセスに次の課題をつくり出します。私たちは、他者への反動としてではなく、他者（個人や集団）との関係において肯定的なアイデンティティを形成し育む場とプロセスとをどのように作れるでしょうか。紛争のただ中では、人々はしばしば大きな恐怖や未知のことでいっぱいになります。そんなとき、反発や非難を抑えながら、同時に自分の場を見失うことなく、自分自身を表現する力を増やすことが課題となります。どんな訓練が、そのような実践を可能にするでしょう。

第一に、私たちは「アイデンティティ」の課題が姿を現した時に、そのことに目を向け、耳を傾ける能力を伸ばさなければなりません。アイデンティティの痛みの信号となる言葉とイメージと表現に注目するのです。あるときは、それらは漠然としてはっきりしません。「5年前なら、この学校の教師はだれ一人としてそんな授業を提案しなかったのに、どうしたんだ」と、いうように。ある場合には、「内部」のイメージや言葉で示されます。「この教会ではパイオニア通りの人間は、もはや一言も言えないのさ」（パイオニア通りは教会の地名で、初期の教会員の仲間内の呼び名）。ときには、アイデンティティが明らかに表現され［その人々が］動員されることがあります。「この警察署長の行動でフモン族の生存が脅かされている。」すべての事例で、声の背後にあることに注目します。それは自己感覚やアイデンティティの主張であり、どんな関係が経験され、定義されてきたかという訴えなのです。内容から核心へと対話が進んでいることの訴えなのです。もし、声に耳を傾けないならば、震源に触れることはできません。最初のステップは、アイデンティティの声に注目することです。

第二は、アイデンティティへの訴えから離れないで、近づく訓練です。紛争がアイデンティティと関係理解への取り組みを要求していることを認めるのです。これは特定の問題を取り扱うために計画されるべきプロセスを踏むことでも、あるいは、表面化した紛争の内容を処理することでもありません。それら両方のプロセスが必要なのです。特定の問題に解決をもたらすことは一時的に不安を緩和することができますが、深いアイデンティティや人間関係に関わることに直接取り組むことはめったにありません。

深い問題を探るためにデザインされたプロセスは、交渉による即座の解決を目指すのではなく、意見交換や対話のためのスペースを作ることを目指します。同じようにアイデンティティを土台とした働きにおいては、直接的な相互のアイデンティティ交流を第一の働きとする前提を設けないことが重要です。しばしばプロセスの最も重要な部分は、内的部分、自己、集団間の場をつくり育てていくことなのです。そこでは、状況、責任、希望、そして恐れなどの本質について、安心して深く熟考し追求できるのです。

準備の枠組みと適切な支援なしでアイデンティティ相互の不適当な交流を進めることは、逆効果となるばかりか、破壊的にさえなります。アイデンティティと取り組む上で、そのプロセスを特色づける三つの原則を提案することができます。すなわち正直さ、反復学習、適切な交流です。

正直さは決して強制によるものではありません。しかしながら、人々が心底正直になるために充分に安心と感じるプロセスと場を作ろうと努力することは可能です。そこは、恐れや希望、痛みや責任について、自身と他者に正直になれる場です。エスカレートする紛争の循環とそれに関するさまざまなエピソードは、アイデンティティを脅かす不安な環境をつくり強めます。裏返すと、アイデンティティのへの脅威は、自己防衛へと向かわせるのです。それは正直さの敵ではないのですが、自己反省に対して正直になるのではなく、他者の省察に対して正直になるのです。「私には、正直言ってあなたのどこが間違っているか、明確に分かっています」とは言うものの、その人は自分自身の責任が見えておらず、またそのことに正直にもなれないのです。心底からの正直さは、安心と信頼とが共に備わって初めて可能となります。プロセスがどのようにしてこれらの特性を備えた場を作って保障するのか、継続的に目を注ぎましょう。

「反復学習」という言葉は、めぐり行くという考えを示唆します。反復することは繰り返すことです。それは繰り返し回ることを要求します。とりわけアイデンティティの問題に当てはまります。

「私（私たち）は何者か」という問いは人生や共同体を理解するための基礎です。自分、集団、関係について深く話すことは決して簡単でも初歩的でもありません。またアイデンティティは、凝り固まって動かないものでもありません。アイデンティティを理解し定義するには、相互作用と内的活動を繰り返すことが求められます。アイデンティティの発展、交渉、定義には、自己の内省と同様に、他者との相互作用のプロセスが求められます。全体的な仕事は、学習プロセスなのです。学ぶ速度は各人により非常に違うのです。これは大切なことです。なぜならアイデンティティに取り組むことは、一回だけの意志決定プロセスではないということを、私たちは認識しなければならないからです。それは繰り返し学ぶプロセスであり、他者との関係においてなされるのです。

だれかが
感じ取ったことを
話の種にしたり
無視したり
しないこと

それゆえに、変革的なプロセスを支援し促進する人は、アイデンティティと取り組むための多様な公開フォーラムをどのように作るかを考える必要があります。一回だけの出来事として処理され、それでおしまいと考えられることが多すぎます。そうではなく、自分や他者について学び続けられる舞台としてプロセスを見る方が良いでしょう。同時に、アイデンティティをめぐるより深い対話に象徴される特別な問題について結論を求めるのです。例えば北アイルランドのベルファストやポータダウンでのパレードについての論争を、紛争変革から見ると、そのエピソードに関わる特定の決定を求めている問題として見ます。また同時に子ども時代と地理的な状況を共有した人々のアイデンティティを探り形成するために繰り返された舞台として見るのです。エピソードに現れる問題を、アイデンティティを探る機会として用いることができます。しかし、アイデンティティの事柄に取り組むための適切なメカニズムとして、特定の問題についての限られた時間や視野の意志決定プロセスを用いることはできません。

私たちが相互作用や交流に適した形を探そうとするとき、容易に対話に向けてテクニック重視のアプローチに陥ることがあります。直接、対面するプロセスにおいてのみ〔交流〕が起きると思いこむことがあるのです。適切な交流は、アイデンティティと関係の理解を学び深める方法が多くあり得ることを示唆します。「語りとしての対話」が理解のための唯一の道という主張を背負いすぎて、その「プロセス」の犠牲になる必要はありません。深いアイデンティティとの取り組みでは、その反対と思われることが真実かもしれません。適切な交流とは、音楽、美術、儀礼、スポーツ、楽しみと笑い、そして古い街の中心地や公園を保存する共同作業としての対話を含んでいるのです。これらすべては、話し合い以上に、学びと理解への大きな道筋となる可能性を持っているでしょう。この第五の能力の鍵は、機会を見極めることと新しく創造的に応答のプロセスをデザインする能力です。

最後に、アイデンティティと権力との結びつき、また組織や構造との結びつきについて、人々がどう認識しているかに注意を払う必要があります。それらが、人々の関係を構成し、支配しているからです。これは特に、自分たちのアイデンティティが歴史的に侵食され、周縁に追いやられ、大きな脅威にさらされてきた人々には重要です。ここで変化プロセスは、構造的関係がどのように人々の認識の中で象徴となり表現されているかについて、取り組まれなくてはなりなせん。その鍵とは、だれかが感じとったことを話の種にしたり、無視したりしないことです。その代わりに、どこに根ざしているのかを理解するように努めることです。より深い気づきを避けて通ってしまう構造の整理を提案したり、小細工を施したり決してしてはなりません。アイデンティティに基づいた事柄を取り扱うとき、参加者が組織の変化を直視し取り組む際、正直になれるよう、励ますのです。その変化は、彼らに敬意が払われ、かつその構造に触れるために必要なことなのです。

これらの訓練は、多くの人にとっては自然な技術ではありません。決意と訓練を必要とします。しかし、それらが身につくとき、紛争に対して変革的に考えて対応する能力を増すことになるのです。

IX　枠組みの適用

コロラド州にある私が住んでいる町の喫茶店に座っていると、隣のテーブルにいる数人が活気のある、ときに熱い議論を交わしています。テーマは地元の警察についてです。ここ二カ月というもの、町の新聞では、最近の警察の取り締まりを嘆く投書でいっぱいでした。警察はスピード違反や一時停止をこれまでより厳しくすると決めたようでした。

隣のテーブルでは、最近、スピード違反でキップを切られたことを細かく話しています。その女性は二十年間、止められたことはなかったと説明し、最近のことは町の金庫を満たすための策略だと確信しています。親しみやすかった町への市民としての帰属意識が失われたと嘆いて話を終えます。二、三週間前には、大通りで抗議するデモ行進が行われ、それに続き不満を公にして、次の段階を決める公開フォーラム〔公開討論〕が開かれました。

警察をめぐる議論が高まったのは、これが初めてではありません。四年前、新聞に寄せられた主な苦情は、警察に助けを求めて通報したときの対応が遅すぎるというものでした。特に州外の人々による不法なキャンプファイアーが増え始めた地域での出来事でした。昨年は、警察の人事の問題と、最近の発砲事件で何をすべきか、すべきでなかったか、という広範囲な見解の投書が掲載されました。私は警察寄りの人のコメントを聞きました。「ある人は警察の対応が遅すぎると言い、別の人はスピード違反を心配しすぎると言う。警察は正しいことをしているはずなのに」。その意見は、違反キップを切られたばかりの人にはうまく伝わりませんでした。

喫茶店での話に登場する、デモ行進のスローガンや新聞投書には、これまでの章で論じられてきた要素が見られます。変革的な視点では、この議論をどのように見るのでしょうか。応答となるような紛争変革の舞台はどのようなものとなるのでしょうか。変革的な方法で、どのレンズを用い、何を提案するのか、想像してみましょう。

1　レンズが焦点を当てるもの

エピソードのレンズで見えてくること

- 最近の時間枠（2、3か月程度）で、議論が上がってきました。警察への地域の注目や緊張が増して、これに取り組む必要があります。
- 特別な種類の行為や振る舞いに関しての内容が求められています。このエピソードでは、スピード違反のキップと、特定の種類の人々を取り締まるパターンに関するものです。
- 取り締まりを受けたときに、個々の人々の扱われ方が、関係の不満の種となっています。

震源のレンズで見えてくること

- 住民と警察の間で議論が起こるのは初めてではありません。多様な内容の問題で、エピソードの繰り返されるパターンがあります。
- 関係のパターンは、個人と警察が何度もやり取りする姿に表れます。
- 構造のパターンは、地域社会が取り締まりの役割、責任、期待をどのように考えているか、また、警察と町の役人が安全を守る責任をどのように考えているかに表れています。
- アイデンティティのパターンは、住民、議会役員、警察が、どのような種類の町をそれぞれ願っているか、どのようにそれぞれが望む町の姿を見ているか、過去の町のイメージと将来望まれる町のイメージには、どのような警察のあり方が良いか、ということに表れます。
- 相互依存と関係上の力のパターンは、期待と不満、恐れと希望に現れています。それらは住民と議会の構造が関係し、意志決定され、住民の生活に影響する決定に参加する（もしくは、閉め出される）ことがどのようであるかに表れます。

2 レンズが投げかける問い

エピソードの示唆

- 不当と思われるスピード違反の取り締まりの数の多さについて、何ができるでしょうか。
- 取り締まり時の警察官の地域住民に対する態度を改善できるでしょうか。
- 歩行者が大勢いる小さな町での住民の安全運転の責任について合意できるでしょうか。
- 法律で定められ、警察が維持し、その適用に責任を持つ安全義務を、人々は理解できるでしょうか。

震源の示唆

- 濫用を防ぎ安全を促進するために、地方警察と住民のための権利規定と責任について話し合い、発展させられるでしょうか。
- 私たちの町が、警察の働きとして何を必要としているか、長期的なヴィジョンを作れるでしょうか。警察署の使命と役割とは何なのでしょうか。私たちが必要とし、望んでいる町となるために、警察にどのような責任があるのでしょうか。
- 住民とって心配事を発言する機会となり、警察と住民の建設的な関わりを持つ定期的に慣例となる仕組みを作り上げることができるでしょうか。

ジレンマからの問い

- スピード違反や他の安全性を損ねる問題に取り組みつつ、同時にどのように地域の治安のための共有されたヴィジョンを発展させるプロセスを計画することができるでしょうか。
- 町の安全性の必要に応えつつ、同時に地域住民、警察、政治家の必要と期待に合った、住民と警察の任務と責任に取り組む仕組みを提供することができるでしょうか。

3 変革的な舞台からの提案

a エピソードは広く一般市民に行動を起こさせるエネルギーを生み出しました。これは地域全体にとって良いことの可能性を探る機会となりました。ですから現れている問題だけを見つめていてはいけません。それよりも、過去五年、十年、もしかすると二十年前までも遡って過去のパターンを見る必要があるでしょう。問題を窓として、この共同体の背景である関係の文脈を覗き、プロセスの計画に目を向けるところに戻りましょう。

b　直面している問題と長期計画の両方に対応するプロセスを必要としています。現れている問題は繰り返されるパターンの本質を見る良い窓です。将来、役立つであろういくつかの道筋を提案しています。それぞれが異なった時間枠を持ちながらもつながっている、多面的なプロセスに目を向けましょう。そのようなプロセスの例は次のことを含んでいるでしょう。

i　不満を公にし、直面している必要と解決を明確にするために、推進役に導かれるフォーラム〔対話の場〕

ii　地域社会の治安維持への期待について話し合うために、進行役によって導かれるフォーラム

iii　警察と住民との間に定期的なやり取りと意見交換を発展させる提案

iv　住民、警察、町の役人を含めた、治安維持の価値基準のガイドと、職務表明の作成のための長期的戦略を発展させる提案

v　住民と警察が懸念、希望、恐れを相談し合える特別な方法を作るために、住民と警察の両者による顧問委員会を設置する計画

重要なこととして、これらはどれも〔実施内容について〕検討しつつ同時に着手するかもしれませんが、それぞれ異なった種類のサポート体制と時間枠が実施には必要であることに注意してください。あるものは一回だけの出来事となるかもしれませんし、あるものは継続されるプロセスであり、さらに他のものは実際に新しい地域構造や〔経験的な〕財産になっていくかもしれません。私たちは変化プロセスと建設的な変化の促進について考えていることを覚えていてください。

c　直面している状況に対応するプロセスを提案するとき、治安維持に関する新しい仕組み、かつ継続する対応の仕組みを作る方法であるかどうかを考えましょう。例えば、上記に提案した顧問委員会や推進役が導くグループは、最初は直面しているプロセスに働きかけるように見えるかもしれませんが、それらはより長期の問題に対する地域の継続した対応を促進する仕組みとなることもできるのです。こう考えてみてください。私たちは過去のパターンから与えられた新しい物語（エピソード）を期待できます。いったい私たちは、〔新しいエピソード〕よりももっと建設的で役立つ何かを準備し、対応して設置することができるのでしょうか。この仕組みのタイプは、事実、新しい社会のスペースや構造となります。それらは異なった考え方をする人々や、異なった地域に住む人々によって組織される必要があります。それは非公式に始められるのですが、有益と判断されるなら、より公式な役割を担うようになります。もしそれが、将来、良く機能するなら、現れてくる状況への継続的な対応の舞台となるでしょう。〔問題を〕防ぐことも、〔変化を〕促進することも、その両方の舞台となるのです。

d　この計画は、最近の問題を話し合うためのフォーラムと、話し合いの持続力とを含むべきです。しかしながら、このプロセスは「語り合い」のみを唯一の対話の技法として頼るべきではありません。地域社会のプロセス、出来事、そして共有する提案について慎重に考えるべきです。そのような場において警察と地域社会との長い年月の関わり合いを経て、自然に建設的になり得るかもしれないのですから。

実生活では何が起こっているのでしょうか。物語はまだ終わっていません。決して終わることはないのです。しかし、いくつかの興味深いことが確かに進展しました。うまく進められたいくつかの地域フォーラムと話し合いが持たれました。警察署からのエネルギッシュな人たちと、関心を持つ多くの住民が、互いに建設的に手を伸ばし合いました。提案された治安維持のための審議会は、実現され始め、形ができつつあります。これらの兆しはエピソードが震源を覗き込む窓を作り出したことを示唆しています。直面する問題への解決は着手され、関係とアイデンティティのパターンにおける変化は発展途上にあるかもしれません。五年後に点検しましょう。それまでの間、これらのレンズ、問い、〔変革の〕舞台を、あなたの町でも試したくなることでしょう。

X　結び

紛争変革のレンズは、衝突の中に建設的な変化の可能性があると強調している〔平和活動の〕関係者と実践者に問いかけます。これらのレンズは多くの種類の紛争に適用できます。個人のレベルから構造のレベルまで、望まれる広い変化の可能性はどの紛争のエピソードの中にも内在しているのです。実践者が直面しているチャレンジは、特有の状況への変革的な対応を計画することが、この状況が投資に値するかどうかを評価することにあります。

この枠組みの鍵となる長所は、対応する上での多岐にわたる道筋を思案し得るその可能性にあります。〔紛争〕変革は、紛争解決のアプローチの貢献と長所から建て上げられ、それらを統合することと提示しました。しかし、紛争解決は必ずしも紛争の変革的な可能性を含んではいません。言い換えると、変革的なアプローチを用いて、「最適の対応はこの問題を素早く直接的に解決することです。これが結論！」と締めくくれますが、狭く定義された紛争解決では、幅広い変化の可能性を誘発するような問いや探求作業が、導き出されることがないのです。

明らかに、他のアプローチよりも、変革的なアプローチがある状況には適しているのです。問題解決や交渉といったシンプルな解決アプローチが最も相応しいと思われるところに、多くの紛争や論争があります。いかに素早く最終的な解決が必要であるかについての議論が、過去、現在、将来にわたってその状況にほとんど関与しない中でなされる場合、そこでは関係パターンや構造パターンを探究することに限られた価値しか見えていないのです。例えば、当事者がお互いを知らず、今後再会することもない一度限りの支払いについてのビジネス論争では、変革的な適用を模索するような場面はありません。もし最大限に適用されるならば、第一にはこの人々が個人としてなぜこのようなエピソードを持ったのか、そしてこのエピソードが他の関係でも繰り返されるかどうかというパターンに注目することかもしれません。

他方、意義深い過去の関係と歴史があり、意義深い将来の関係があり、組織や地域社会、また広範囲の社会的な文脈においてエピソードが生まれるところで、解決アプローチの狭さは、建設的な変化への大きな可能性を逃してしまうのです。これは、破壊的で暴力的なパターンをもたらした紛争エピソードが深く根づき循環している状況では、非常に重要なことです。紛争変革の視点からは、いつでも変化が起こる可能性があるのです。

解決アプローチの狭さは建設的な変化への可能性を

逃してしまう

しかしながら、どんな状況でも変化の可能なすべての道筋を追い求めるかどうかは、評価され考察されなければなりません。私の家族も汚れた食器の後片付けについて議論するたびに、変革的な探求を深めるわけではありません。しかし節目ごとに私たちのパターン、関係の構造、個人や家族としてのアイデンティティをより深く熟考するための状況をつくり出すエピソードがあります。汚れた食器はいつもその可能性を秘めているのです。私たちは、あらゆるときに、それを追い求めているのではありませんが、もし追い求めたいと思うときには、〔変革の〕枠組みを持っている場合にのみ開かれる可能性があるのです。その〔変革の〕枠は、問うことを励まし、何が起きているのかがわかるレンズを備え、建設的な変化について考えるのに役立つ道具を提供します。その枠組みを、紛争変革は提供しているのです。

おそらく最も重要なことは、紛争変革が投げかけている、私たちへの大きな問いです。私たちはどこへ向かおうとしていたのか。なぜ私たちはこの働きをしているのか。私たちは何に貢献して、何を建て上げるようとしているのか。この分野の働きを選び実践している人々の大多数は、社会の変化を促進することを願うからこそ、この働きに引き寄せられているのだと、私は確信しています。建設的な方法で、紛争に取り組む方法を見出そうと打ち込んでいる地域のほとんども同様に、単に現状を維持することではなく、生活をより良いものに変えることに関心を持っていると私は確信しています。彼らは人間社会が紛争に対応する方法を変えたいのです。それら実践者と地域が熱望している変化とは、暴力と破壊的なパターンから、状況に合わせつつ創造的で建設的そして非暴力的な可能性へと向かうことです。

私は多くの実践者の中の一人であり、おそらく私の傾向が、自分が見たいと願っているものを、〔自分に〕見させているのかもしれません。人間社会は地域的にも地球規模においても、歴史的変化にまさに足を踏み入れたのだと思っています。そこでは、人々の目が、暴力や強制のパターンから、相互の尊重、創造的な問題解決、個人や社会の対話能力、安全と社会事業を保証する非暴力へと向けられていくことでしょう。このことは、変化プロセスが複雑に編みこまれた模様（パターン）を必要とします。それは、人生や関係を変化において理解しようとする中で見えてくるものです。これが紛争変革のための私のチャレンジであり、希望なのです。

どうか、からみあう温かさが、あなたの顔を輝かせ
すてきな変化の風が、あなたの背を優しく押しますように

どうか、あなたの足が、真の道を見つけ
変化に富む模様が織り始められますように！

解説　技芸（アート）としての紛争変革

片野淳彦

『敵対から共生へ』を通じて、日本の読者にジョン・ポール・レデラックを紹介できますことを大変うれしく思います。レデラックは1988年に米国コロラド大学で博士号を取得した社会学者で、2001年からノートルダム大学（インディアナ州）のジョーン・クロック国際平和研究所で国際平和構築論を教え、現在は同大名誉教授です。英語とスペイン語による24冊の編著書のほか多くの著作がありますが、彼の経歴で見逃せないのは紛争変革と平和構築の実践者としての働きです。30年にわたって米国のみならず中南米（ニカラグア、グアテマラ、コロンビアなど）、アフリカ（エチオピア、ケニア、ブルンジ、ソマリアなど）、アジア（フィリピン、ネパール、ミャンマー、タジキスタン、カンボジアなど）、ヨーロッパ（北アイルランド、バスクなど）の各地で紛争の調停や助言（コンサルテーション）、対話の支援を行ってきました。その活動は実際の紛争を調停することにとどまらず、彼は世界各地で紛争変革の理論と技術を教えるセミナーやワークショップを開いていています。実際に対立している紛争当事者が、彼のセミナーをきっかけにして話し合いのテーブルについた例も少なくありません。1990年代、ヴァージニア州の東部メノナイト大学に紛争変革専攻大学院（修士課程）を創設し初代部長を務めたことは、本書でも言及されているとおりです。

日本の読者には紛争変革（conflict transformation）のみならず、紛争解決（conflict resolution）とい

う言葉すら、あまりなじみがないかもしれません。紛争といえば、民族や資源争奪を背景とした外国の戦乱のこと、あるいは交通事故や遺産相続、不動産や契約をめぐる争いごとを表す法曹の専門用語、といった理解が一般的でしょう。書店で「紛争」の語を含む本といえば、国際情勢か法律上のトラブルに関するものがほとんどだからです。しかしレデラック自身は、社会的紛争を「限られた資源、両立不能な目標および障害を認知する、複数の相互に依存する当事者の間で表出する葛藤」と定義しています。いわば人々の間で立場や見解、利害が一致しないこと、またそのために生じる人々の行動を、広く紛争として捉えているわけです。この定義によれば、私たちの日常生活にも多くの紛争が含まれていることになります。それは必ずしも暴力を伴わない、些細ないさかいや意見の対立にすぎないかもしれません。しかし、そうした小さな火種が積もり積もって、個人対個人の争いが集団対集団の争いに拡大し、やがて地域社会や政治組織、国家機関をも巻き込む武力紛争に発展していく過程を、レデラックは数多く見てきました。紛争地域に住む人々が特別に暴力的・好戦的なのではありません。私たちの社会にも、あからさまな暴力は伴わなくても、長期間解決されずにいる確執はあります。その意味で、広義の紛争は私たちにとって他人事ではないのです。

紛争とそれへの対処をめぐる研究は、1960年代後半から北米で活発に行われてきました。

それは経営学における交渉行動の研究として、あるいは社会心理学における対人関係の研究として、また国際政治学における戦争と平和の研究として、さまざまな学問分野で同時並行的に進められてきたわけです。一方日本では、こうした種々の分野にまたがる広い概念として「紛争」の語を用いる習慣が定着しておらず、これが葛藤・対立・争いごと・衝突などとさまざまに言い換えられたり、そのままコンフリクトと表記されたりしている現状があります。そのため、この分野の知見が少なからず日本に流入・紹介されているにもかかわらず、用語・訳語の違いを超えた横断的な理解に至っていないように思われます。本書をお読みになって「紛争」に関心を持たれた読者には、ぜひ「葛藤」や「コンフリクト」を扱った文献にも関心を拡げてくださることを願ってやみません。

本書は、こうした紛争に対処する可能性の一つとして「紛争変革」という概念を提示します。これはレデラック自身が使い始めた用語ではあるのですが、全くの独創ないし専売特許ではもはやなくなっています。例えば日本では、ノルウェーの平和研究者であるヨハン・ガルトゥンクの提唱する「紛争転換」(conflict transformation)が比較的よく知られていますが、二人は互いに面識はあるものの、学問的に深い交流があるわけではありません。実際、彼ら以外にも様々な研究機関や非政府組織(NGO)が「紛争転換/変革」に関心を持って取り組んでおり、この語を用いた外国語の著作は少なくありません。そこには問題関心やアプローチの方向性で広く共通する部分があるのと同時に、使用者の特性や強調点の違いからくる差異もあります。本書においてtransformationの語が様々に訳出されているのも、原著に込められた概念の豊かさや広がりを伝えたいとの思いからです。この概念が未だ生成途上のものであることに留意しつつ、レデラックがこの新奇な用語に込めた問題意識を汲み取ることが、読者には求められると言えるでしょう。

日本の読者には紛争の解決・管理・変革といった細かな用語の使い分けは、重箱の隅をつつくように思われるかもしれません。しかしレデラックにとって、これは紛争をどう把握しどう対処すべきかを規定する、ゆるがせにできない要点なのです。まず「紛争解決」という用語の背景には、紛争を望ましくないもの、それゆえ可能な限り縮減し願わくは解消すべきものと捉える姿勢が含意されています。紛争のもたらす暴力や破壊的な影響を考えるなら、紛争を「解決」することとは望ましいことではあります。しかし、深刻な紛争はその根底に、差別や経済格差などの不公正な社会構造を潜在させていることがしばしばです。本書の第I章でレデラックが指摘するとおり、社会的不正義に異議申し立てをする人々にとって、せっかく顕在化した紛争を性急に「解決」してしまうことは、真に必要な変化を覆い隠し、かえって不公正な現状を維持することになりかねません。第V章において、紛争を「解決」する視点と「変革」する視点の違いを紙幅を費やして論じている点は、本書の大きな特徴と言えます。

また「紛争管理」という用語では、紛争が一定の予見可能なパターンや力学をもつこと、それゆえこれを操作・調整することで建設的な結果を導き得ることが前提されています。紛争をただネガティブに捉えるのではなく、その生産的・建設的可能性を含意する視点には、紛争変革に通じるものがあります。しかし、人間の行動や相互関係を効果的に操作・調整することは、経験上ほぼ不可能に近いでしょうし、「管理」という概念が紛争への対処をもっぱら技術の問題に矮小化してしまうおそれがあります。そして「紛争解決」の場合と同様、紛争を「管理」することでどのような社会正義を実現しようとするのかという方向性に欠ける面もあります。

こうした問題意識から、レデラックは「紛争変革」というアプローチを提案します。その出発点は、紛争を多面的に、より深く捉えることを目指すということです。「紛争解決」と「紛争管理」では、人間が紛争を解決ないし管理するというふうに、《人間から紛争へ》という一方的な方向性が想定されていますが、これに対して「紛争変革」では《紛争から人間へ》という方向性も想定されています。つまり「紛争変革」では《いかに私たちが紛争を変革する（べき）か》という処方的・規範的側面だけでなく、《いかに紛争が私たちを変革するか》という記述的側面が含意されているのです。

「紛争が私たちを変革する」とはどういうことでしょうか。まず、性格や利害、生活様式などを異にする人々が共に生きようとするとき、立場や見解の対立や衝突は不可避的に起きます。紛争は人と人、集団と集団の間でいわば自然に生ずるものですが、私たちは必ずしも紛争を自然体では受け止められません。性格や価値観が多様だということは、紛争に向き合う向き合い方も多様だということです。たとえ相手を傷つけても自分の思い通りに事を進めようとする人もいれば、逆に相手に迎合して自分のニーズを心にしまい込む人もいます。意見が対立すること自体を受け入れず、紛争から目をそらしたり他人との関わりを絶ってしまったりする人もいます。自分と相手の中間あたりに「落としどころ」を探って妥協する人もいるでしょう。こうした紛争に対する態度の違いが、当事者間の性格の隔たりを痛感させ、協力して問題を解決しようとする思いを鈍らせることがあります。話し合いの相手に話が通じそうにない、となれば面と向かった意思疎通は減り、無視・陰口・ゴシップといった間接的な対立が起きて、相手に対する敵意が増幅します。互いに相手のいないところで仲間づくりや多数派工作をすると、対人間紛争は集団間紛争へと発展します。最初の問題はどこかに忘れられ、相手グループの排除や自分のグループの勝利が優先されるようになれば、それは紛争に対する目的が変化したことを意味します。目的が変われば、その目的に沿った形で社会集団の構造も変化し、具体的な行動の内容も変化することになります。

レデラックの着想は、こうした紛争自身がもつ《関係を変革する力》を人間関係や社会構造を互恵的で協調的なものにする力として用いることはできないか、というものです。紛争は当事者の対応次第で破壊的な方向にも建設的な方向にも動き得るものであり、建設的な紛争は当事者間の関係だけでなく社会構造をも変革し得る、と彼は理解します。本書の第Ⅲ章に紛争変革についての彼の定義がありますが、そこに「建設的変化のプロセスを生み出す」という言葉があるのはそのためです。


ここで、レデラックの紛争理解の特徴を三つ指摘しておきましょう。

一つは、紛争変革による平和の実現には**個人的側面と構造的側面の両方が含まれる**ということです。紛争はショック・怒り・悲しみ・憎悪・無力感・不安など様々な感情を当事者に呼び起こしますから、これを建設的に変革するには当事者の内面に働きかけ、癒しや励ましを通じて関係を修復することが必要です。他方で、紛争変革がいわゆる精神療法やカウンセリングにとどまるものであってはならないことは、本書の第Ⅰ章で彼が指摘するとおりです。そこには抑圧的なシステムを改廃し、資源を公平に分配し、対話を通じて問題を平和的に解決するしくみを作るなど、構造的な変革が求められます。上述の定義も「相互の直接的な関わりと社会構造」の双方に言及し、この点を意識しています。

二つ目には、紛争変革に避けられないものとして、**正義と慈愛の両立というジレンマ**が挙げられるでしょう。ここで正義とは、真相を究明し、不正を正し、平等と公正に基づく正しい関係を構築することを意味します。一方慈愛とは、共感とゆるしの精神に基づいて不正を行った人々を支え、その再出発を励ますことを意味します。これらは一見して相反すると思われますが、ただ過ちを糾弾・懲罰するだけでも、逆に免責・忘却するだけでも、真の和解は導かれません。それゆえ上述の定義には「暴力を減らす」ことと同時に「正義を増す」ことが併記されているのです。

三つ目に、**紛争変革では過程と結果の両方が重要**です。平和という結果にたどり着くことを急ぐあまり、過程が強制的・抑圧的になってはいけませんし、逆に平和的にことを進めるのに熱中するあまり、不公正や不正義といった本質を見失ってもいけません。むしろ過程は単なる技術以上の哲学や生き方の問題であり、結果は単なる成果以上の不断の関係修復への決意と捉えられる必要があります。定義の中で「満ち干を繰り返す社会的衝突を『いのちの機会』として描き出し」「人間関係の現実の実際的問題に取り組む」姿勢をレデラックが強調する所以です。

レデラックによる紛争変革の定義は、私たちが抱く平和のイメージの変更を迫るものかもしれません。通常、私たちは平穏無事で争いのない状態が平和であると考えます。あるいは、目に見える争いがなくても差別や抑圧などの社会的不公正があるうちは平和ではない、こうした不正義がない状態こそが平和であると考える人もありましょう。いずれにせよ、これらの平和イメージは、平和というものを「状態」として静的に捉えています。

これに対してレデラックは、本書の第Ⅲ章にあるとおり、紛争が存在すること自体をもって平和の不在とは見なしません。紛争は人間の生の自然な一部であり、私たちの生活世界にはつきものだからです。紛争と無縁ではいられない私たちにとっての平和とは、その紛争がなくなることではなく、紛争が絶えず建設的なものへと変革される営みだということになります。紛争が暴力を伴い、人と人との関係を破綻させることのないよう、不断に働きかけ続けること、その動的な「行い」のことを彼は平和と呼ぶのです。

こうした平和のイメージは、家の掃除にたとえると分かりやすいかもしれません。住宅というものは、普通に生活しているだけで少しずつ汚れていくものです。故意に散らかしたり後始末をさぼったりしなくても、ほこりはたまり、ゴミは増え、窓ガラスはすすけていきます。掃除をすれば、それらはきれいになります。しかしその「きれい」はあくまで暫定的なものでしかなく、きれいにした直後から家はまた少しずつ汚れていきます。そんな家をきれいに保つためには、日頃の掃除が欠かせません。そしてその作業は、私たちがその家に住み続ける限り続きます。二度と掃除をしなくてもいいように、と誰も家に招き入れないようにすれば、それはあまりに汚くて客人を招待できない家と変わりがありません。ですから、「きれいな家」とは「絶対に汚れない家」のことではなく、「いつも掃除が行き届いている家」のことです。だとすれば、「平和な世界」とは「絶対に紛争の起きない世界」のことではなく、「いつも紛争が適切に変革されている世界」のことである、と理解できるのではないでしょうか。

レデラックが第Ⅲ章で言及しているニュー・サイエンスについては、これが「複雑系」や「ガイア仮説」、「ホロニック経営」といった一連のキーワードを生み出してきた領域であること以外に、詳述する能力を私は持ちません。ただ、こういうことは考えられると思います。例えば、気体が急速に熱膨張することを一般に「爆発」と呼びます。爆発というと、私たちは通常、秩序あるものが突然瓦解して無秩序になってしまうことをイメージします。しかし化学的には、不安定な状態に置かれた物質が一気に安定した状態を回復することを「爆発」とよぶのです。同様に

「地震」というと、私たちは通常、安定した地盤が突然揺れ動いて不安定になることをイメージしますが、実はプレートと呼ばれる岩盤に蓄積された歪みが限界を越え、急激に岩盤がずれて歪みが開放されるときに地震が生じるのです。こうした自然科学の知見は、私たちが通常「安定している」あるいは「不安定だ」と認識する視点が妥当なものか、再考を求めているように思われます。社会環境においても、紛争のない安定した秩序と思われる状態の方がむしろ不安定であり、そこに蓄積された歪みが目に見える形で一気に表面化したのが紛争である、と捉えることができるかもしれません。その意味でも紛争は「自然だ」ということになるのですが、だから無害だという訳ではもちろんありません。爆発や地震が自然であるが故に無害だということにはならないのと同じです。

興味深いことに、レデラックもまた社会的紛争を地震という自然災害になぞらえて理解しています。具体的な目に見える懸案や問題はいわば《被災地》であり紛争の現場です。一方、紛争を生み出した社会構造や文化的背景、対人関係のパターンはいわば《震源》であり紛争発生の文脈です。そこで彼は、個々の紛争を分析する上でもこれらの《被災地》と《震源》の両方を視野に入れることを強調するのです。第Ⅵ章で述べられるとおり、紛争には具体的な争点とそれを取り巻く人間関係のパターン、それらを生み出してきた歴史的経緯があります。これらのそれぞれが、個人的内面・対人関係・社会構造・文化や風土の領域をもちます。こうした紛争のさまざまな位相を紛争の現場（被災地）と文脈（震源）の両面にわたって明らかにし、人間関係と社会構造の双方に良い変化をもたらすような具体的解決策を構想するのが、紛争変革のいわば青写真であるわけです。

その際、レデラックは紛争とその変革のありようを「プロセス構造」と捉えています。これもニュー・サイエンスからの引用で少々分かりにくいのですが、第Ⅶ章を読んで私が思い起こしたのは「有機体」という言葉です。有機体とは一般に生物のことを指しますが、例えば私たちの身体では、日々古い細胞が死に新しい細胞と入れ替わっています。福岡伸一の『生物と無生物のあいだ』（講談社現代新書、２００７年）によれば、毛髪や爪はもちろん、あらゆる臓器や組織、歯や骨や体脂肪にいたるまでが、絶え間ない分解と合成を繰り返しているのだそうです。分子レベルでは半年から一年もすると、私たちの身体はすべて新しいものに取って代わられます。しかしだからといって「わたし」が一年後には別人になるわけではなく、「わたし」はやはり「わたし」のままです。「わたし」が「わたし」であることを保ちつつ、その「わたし」を構成する素材はつねに変化している、そういうありようのことを福岡氏は「動的平衡」と呼び、レデラックは「プロセス構造」と呼んでいるのだと思います。

こうした概念枠組みをふまえて、レデラックは第Ⅷ章で紛争変革の実践に有用と考えられる五つの能力開発を提唱します。それは——、

（1）眼前の問題を窓と捉え、その先ないし奥を見る能力、

（2）異なる時間枠を同時平行させる能力、

（3）紛争のジレンマに踏みとどまる能力、

（4）複雑さと仲良くする能力、

（5）アイデンティティの問題に取り組む能力です。

ここで、具体的な紛争の例を挙げて考えてみましょう。概念枠組みの適用は第Ⅸ章においてレデラック自身も行っていますが、ここでは日本の状況をふまえた事例を考えます。なお、以下の事例はフィクションであり、実際の事件ではありません。

中学校の男子生徒が不登校になったとしましょう。生徒は学校に行こうとせず、保護者は彼を学校に行かせたがっている、という不一致状況が、目に見える争点として現れます。ここで「どうしたら彼を学校に行かせられるか」という問題の立て方をするのがいわば「解決」アプローチです。本人を説得するなり、教師や友人の協力を得るなり、転校するなりの方法で、彼を学校に通わせることには成功するかもしれません。

一方、「変革」アプローチは不登校という出来事のみに執着せず、それを通して見えてくるものは何かを追究します。不登校の背景には、例えばその中学校でいじめが横行しているということがあるのかもしれません。さらに、教師たちがその問題に気づいていないか気づかぬふりをしていて、解決されることが期待できないといった事情があるのかもしれません。いじめというより大きな問題が《震源》にあり、それがこの中学生の不登校という形で地表に現れたことになります。

そうなりますと、不登校への対応に加えていじめへの対応が求められることになります。さらに、いじめられている生徒が複数いて、それが以前からかなりの期間にわたって継続していたりすると、かなり本腰を入れてじっくり取り組む必要があるでしょう。不登校の男子生徒への対応、その他のいじめられている生徒への対応、そして長期化しているいじめの構造への対応という具合に、異なる時間枠の作業を同時並行して進める必要があるかもしれません。さらには、いじめが長期化・構造化したのは、教師による適切な対応がとられてこなかったことや、生徒たちの家庭がそれぞれに問題を抱えていることによる面もあるでしょう。教師間の意思疎通の不全に対しては学校の職場環境の検討が求められるでしょうし、学校と各家庭との連携強化も、いじめ対策とは別の時間枠で必要になってくるでしょう。各家庭の問題にまで視野を拡げれば、そこには不景気や貧困、犯罪といった地域社会の問題も投影されることが考えられます。《震源》だと思っていたいじめが実は《被災地》の一つにすぎず、より深いところに社会全体の構造的な問題が伏在していることに気づかされるかもしれません。

かくして紛争の全体像はどんどん複雑になっていき、あちらを立てればこちらが立たずといったジレンマ状況が生じてきます。例えば、不登校の男子生徒に対するいじめをなくすことと、いじめの再発を防止する体制を整えること、またいじめに対する教職員や保護者の意識を啓発することのいずれを優先すべきか、といった状況です。これを「あれかこれか」という視点で捉えるのではなく、「あれもこれも」という視点で捉えるならば、具体的ないじめの状況に対応し、同時に学校全体のいじめへの認識を高めるような対応策はどんなか、という問題の立て方が可能になります。男子生徒へのケア、いじめに加担している生徒への指導、再発防止教育、教職員の意識向上などに別個に取り組むのではなく、それら全体を視野に入れた青写真を描き、それらを密接に関連付けながら取り組むことが重要になるでしょう。

総合的な視点は、問題の複雑さを露呈します。「あれもこれも」と取り込めば事態は当然複雑になっていきます。どこから手をつければよいか分からなくなったり、やるべきことがあまりに多すぎて無力感に襲われるかもしれません。そこで求められるのが、複雑さと仲良くする能力です。問題が複雑であるということは、いろいろなことが同時に起こっており、なおかつさまざまにつながり合っているということです。それは言い換えると、特定の取り組みが想定外の波及効果をもたらす可能性があるということです。いじめ対策のために校内に「いじめ相談室」を設けるだけでは、相談室を利用したことを理由にいじめられることを恐れて、生徒は相談に訪れないかもしれません。むしろワークショップなどを通じてコミュニケーション能力の向上やけんかの仲裁方法を学ぶことで、見えなかったいじめの実態が見えてきたり、職員室での教員間の連携がスムーズになったりすることがあり得ます。相手の言い分を傾聴し、自分の言い分を親身に主張するスキルを学んだ生徒がそれを各家庭で実践すれば、不安や不満を暴力で表出させなくてもよくなるかもしれません。

これら一連の取り組みにおいてもっとも留意すべきなのが、アイデンティティの問題です。ほとんどの紛争の根底にはアイデンティティの問題がある、とレデラックが言うのは、多くの争いごとにおいて、人々は自らの存在理由を意識していることを示唆しています。男子生徒は、不登校という態度を通じて、自分がいじめられていることを知らせたかったのかもしれません。いじめに加担した生徒は、家庭環境で感じる不安や不満を発散しようとしたり、加担することで自分がいじめの標的になることを避けようとしたりしていたのかもしれません。クラス担任は、いじめ対策よりも教科指導に専念することを、保護者が自分に期待していると感じていたかもしれません。学校長は、自分としてはいじめ問題に真剣に取り組んできたが、現場の教師が思い通りに動いてくれないので成果が上がらずにいる、と思っているかもしれません。そして関係者のすべてが、こんなに深刻な問題を、自分に解決できるわけがないと痛感しているかもしれません。エンパワーメントという言葉が日本でも用いられるようになりましたが、紛争変革の中心的な役割の一つは、自己意識に危機感を覚える人々を力づけるために、安心して正直になれる場を作り出すことです。自分の胸の内を安心して正直に打ち明け、それを互いに聞き合うことで、自分が思っているとおりに他人が自分を捉えているとは限らないこと、自分の言葉が他人に影響を与え状況を変える力を持っていること、どんなに複雑で深刻な問題にも自分に果たし得る役割があるということ、などに気づくことができれば、紛争を建設的に変革する糸口は必ず見えてくるはずです。

レデラックの紛争変革論の特徴は、紛争を微細に分析するだけでなく、それをつねに大きな文脈に位置づけようとする姿勢にあります。こうしたアプローチを、私は西洋医学に対する東洋医学のアプローチになぞらえて理解できるのではないかと考えます。西洋医学では、風邪なら内科、ものもらいなら眼科、骨折なら整形外科というふうに、身体の各部を微細に分割し、病んでいる部分に局所的に対応します。一方、東洋医学では身体のどこが痛んでいてもまず脈を取り、血流や気の流れを改善することで治癒力を引き出します。鼻づまりを直すために足裏やふくらはぎのツボを刺激するのはこのためです。病気は身体という「プロセス構造」に《震源》があり、目に見える異常はその現れであるという捉え方は、レデラックの紛争理解にみごとに符合します。彼は西洋人ですが、すでに博士論文で紛争と文化の問題を取り上げており、その豊富な異文化経験から、おそらくは期せずしてこうした見地にたどり着いたのでしょう。

そんなわけで、日本の読者には、この本を西洋的価値観の押しつけと性急に判断しないでいただきたいと思います。そして紛争変革を、どこか海の向こうの知らない国の、血なまぐさい殺し合いをやめさせる活動（だけ）だと早合点しないでいただきたいのです。世界中の紛争を調停してきたレデラックですが、第Ⅸ章にあるとおり、具体例として挙げているのは自分の住むコロラドの地域社会です。そう、紛争変革は普通の社会でごくありふれた生活をしている、私たちのための技芸でもあるのです。私たちは、一人一人かけがえのない存在だから、立場や意見が衝突するのです。一人では生きていけないから対立するのです。そんな私たちが、自分も相手も大事にしながら生きていけるために、一人でも多くの人がこの本を手に取ってくださることを願ってやみません。

編訳者あとがき

このたび、レデラック氏の『敵対から共生へ――平和づくりの実践ガイド』が東京ミッション研究所の二十周年記念の年に邦訳出版されることとなり、大きな喜びを感じております。原題は *The Little Book of Conflict Transformation* (Intercourse, PA: Good Books, 2003) で、紛争変革プログラムから出版されているリトルブック・シリーズの中の一冊として出版されたものです。当研究所が、発足当初から平和の重要性を訴え続けてきただけに、こうした実践の現場の只中から生まれた本書を世に送り出せることは、実に意義深いことです。

訳者は、米国のシェナンドー国立公園を一望できる、ヴァージニア州ハリソンバーグ市にある東部メノナイト大学で学び、牧師としての聖書研究と平行して、紛争変革プログラム（現 Center for Justice and Peacebuilding）や、STAR (Seminars on Trauma Awareness and Resilience) プログラムで平和学を学ぶ機会を得ました。キリスト教メノナイト派（アナバプテスト）の信仰を土台とした教会は平和を重んじ、メノナイト中央協議会（Mennonite Central Committee）などを通して、世界中の紛争地へ訓練された平和活動家を送り出しています。そうした姿に、心動かされたことがこの本を翻訳する動機の一つです。また、共に学んだクラスメートたちが、現在、平和活動に取り組んでいることを覚えつつ、その働きの一部を紹介したいという思いからこの本を翻訳しました。

本書は、紛争変革についての入門書と言えます。米国の、すでに平和活動に取り組んでいる人たちに、紛争解決から紛争変革へと新しく視点を転換して欲しいという意図で書かれています。日本の読者には紛争解決ということにも触れていない人が多く、文脈の違いを感じるかもしれません。しかし、そのギャップを容易に乗り越えることができるように、平和づくりの基礎となる概念を丁寧に伝える良書と思い、翻訳作業を続けました。レデラック氏が、皿洗いで起こる夫婦間の争いを例にしていることに表れているように、紛争はすべての人間関係で起こります。紛争を変革の機会となる賜物とさえ著者は語っています。その賜物を、破壊への機会とするのではなく、社会を変革し、いのちを養う機会とするように、著者は私たちを招いています。

訳語についていくつか触れなくてはいけません。翻訳の過程では、原書への忠実さと合わせて平易さを求めました。しかし、いくつかの言葉には日本語翻訳の限界を感じました。特に中心となるコンフリクトとトランスフォーメイションについては言及する必要があるでしょう。

コンフリクトの定義の場所では、「紛争」という訳語を用いました。しかし「国際紛争」というと、武力衝突の意味合いで読者が受け止める可能性があります。そこで、暴力的側面を必ずしも含まない「衝突」をコンフリクトの訳語として多く用いることにしました。また、家庭や地域社会の衝突を「争い」と表現しました。これらは、共にコンフリクトの訳語です。

特に驚かされるのは、「コンフリクト」を賜物（ギフト）として捉えているということです。いわば「暴力」が介在する現実をも積極的に受け止めているのです。レデラック氏が絶対平和主義の非暴力を主張するメノナイト派に属しているので、一見矛盾しているのでは、と感じます。しかし、それは、暴力が介在する現実から身を引いて安全な世界にとどまるのではなく、むしろそうした現実の只中で暴力的現実と取り組んでいることの証しであり、同時にそれをも越える何かを指し示すことなのではないでしょうか。

次にトランスフォーメーションですが、すでに日本における平和学で、この概念に「紛争転換」という訳語が用いられていることを知りました。しかし、今回の翻訳では、転換という言葉よりも、深く衝突の震源から社会変革するというこの書のヴィジョンに沿って「変革」という訳語を用いることにしました。

本書の翻訳過程で、伽賀由氏から、片野淳彦氏を紹介して頂いたことは、この上なく感謝なことでした。片野氏は、メノナイトの神学校で学び、レデラック氏の薫陶を受け、現在は北海道のメノナイトの教会で活動しつつ平和学の取り組みをされています。今回、本書が日本の文脈に適応するための解説文を書いて頂き、深く感謝しています。

東京ミッション研究所では、メノナイト出版委員会と協力して、これまで思想（平和神学・キリスト教倫理）と聖書解釈（聖書学）の研究に取り組んできました。J・H・ヨーダー『社会を動かす礼拝共同体』（2002年）、グレン・H・スタッセン『イエスの平和を生きる』（2004年）、W・M・スワートリーの『平和の契約』（2006年）などが、その代表的な研究と言えますが、デイビッド・アウグスバーガー『赦し――新しい人間関係を生み出す』（2003年）とならび、今回は平和神学の実践的書籍として受け止めて頂けたら幸いです。

また、このリトルブック・シリーズの姉妹本、『責任と癒し――修復的正義の実践ガイド』（森田ゆり訳）が、築地書館から出版されていることも触れておきたいと思います。この本の著者であるハワード・ゼア氏は2006年に当研究所の夏季学校のメイン講師として来日され、日本弁護士会のセミナーや早稲田大学、東洋大学などでも講演され、修復的司法を紹介され、その一部が「修復する正義――修復的司法を教会で実践するために」『宣教学ジャーナルVol.1』（宮崎誉訳）に収められています。平和構築の理解ではレデラックと共有するアプローチが紹介されています。

本書と対となるもう一冊の書籍を紹介します。それは、東京ミッション研究所創立二十周年記念のもう一つの出版である『ジョン・H・ヨーダーの神学――平和をつくり出す小羊の戦い』(東方敬信、中島真実、藤原淳賀、矢口洋生、マーク・ティーセン・ネイション/南野浩則訳、西岡義行編、新教出版社、2010年)です。この書物は、西洋のキリスト教が築こうとしてきた平和の捉え方自体が本当の意味で聖書が伝える平和を構築しえるのか、という根本問題を神学的に問うもので、本書の『紛争変革』アプローチの根底に流れている視点やものごとの捉え方を探求する上で重要です。当研究所が、神学的研鑽とその対話から生まれた書籍と、実際の平和活動の実践から生まれた本書の二冊を、記念の節目に世に送り出せることは、実に意義深いことです。

今回の出版を勧めてくださったロバート・リー先生、金本悟先生、翻訳の助言をくださった河野克也氏、また校正の多くの働きを担ってくださった中川美弥子氏と金本史子氏に、心から感謝申し上げます。また、時間が迫る中で出版にこぎつけてくださったヨベルの安田正人氏には大変お世話になり、感謝に絶えません。

そして、近年、ご逝去されました棚瀬多喜雄先生には、おそらく病が進まれていた時に、本書の翻訳に助言を頂けたことに、深く感謝いたします。

2010年2月

東京・埼玉にて　水野節子、宮崎 誉、西岡義行

推薦図書

著者による推薦図書

Bush, Baruch and J. Folger. *The Promise of Mediation: Responding to Conflict Through Empowerment and Recognition*. San Francisco: Jossey-Bass, 1994.

Curle, Adam. *Another Way: Positive Response to Contemporary Violence*. Oxford: Jon Carpenter Publishing, 1995.

Friedman, Edwin. *Generation to Generation: Family Process in Church and Synagogue*. New York: Guilford Press, 1985.

Hocker, Joyce and William Wilmot. *Interpersonal Conflict*. Dubuque: Brown and Benchmark, 2000.

Kriesberg, Louis. *Constructive Conflicts: From Escalation to Resolution. Second Edition*. New York: Rowman and Littlefield Publishers, 2003.

Mayer, Bernard. *The Dynamics of Conflict Resolution: A Practitioner's Guide*. San Francisco: Jossey-Bass, 2000.

Rothman, Jay. *Resolving Identity-Based Conflicts in Nations, Organizations and Communities*. San Francisco: Jossey-Bass, 1997.

Ury, Bill. *The Third Side: Why We Fight and How We Can Stop*. New York: Penguin, 2000.

Wehr, Paul and Heidi and Guy Burgess. *Justice without Violence*. Boulder: Lynne Riener, 1994.

Wheatley, Margaret. *Leadership and the New Science: Learning about Organization from an Orderly Universe*. San Francisco: Berrett-Koehler, 1994. 邦訳：マーガレット・J・ウィートリー『リーダーシップとニューサイエンス』東出顕子訳、英治出版、２００９年.

ジョン・ポール・レデラックの著書

Preparing for Peace: Conflict Transformation Across Cultures. Syracuse University Press, 1995.

Building Peace: Sustainable Reconciliation in Divided Societies. U.S. Institute of Peace Press, 1997.

The Journey Toward Reconciliation. Herald Press, 1999.

From the Ground Up: Mennonite Contributions to International Peacebuilding. edited with Cynthia Sampson. Oxford University Press, 2000.

Into the Eye of the Storm: A Handbook of International Peacebuilding. Jossey-bass, 2002.

The Moral Imagination: The Art and Soul of Building Peace. Oxford University Press, 2005.

日本語の関連図書（あとがきなどで紹介されたもの）

アウグスバーガー、デビッド『赦し――新しい人間関係を生み出す』棚瀬 多喜雄訳、東京ミッション研究所／いのちのことば社、２００３年。

ガルトゥング、ヨハン『平和的手段による紛争の転換（超越法）』伊藤武彦編、奥本京子訳、平和文化、２０００年。

――『平和を創る発想術――紛争から和解へ』京都ＹＭＣＡほーぽのぽの会訳、岩波書店（岩波ブックレットNo.６０３）、２００３年。

スタッセン、グレン・H、デービッド・P・ガッシー『イエスの平和を生きる――激動の時代に読む山上の説教』棚瀬多喜雄訳、東京ミッション研究所／いのちのことば社、２００４年。

スワートリー、ウィラード・M『平和の契約――福音の聖書神学的理解』東京ミッション研究所訳、いのちのことば社、2006年。

ゼア、ハワード『修復的司法とは何か――応報から関係修復へ』西村春夫・細井洋子・高橋則夫訳、新泉社、1996年。

――「修復する正義――修復的司法を教会で実践するために」宮崎誉訳、『宣教学ジャーナル』第1号5–40頁、2007年。

――『責任と癒し――修復的正義の実践ガイド』森田ゆり訳、築地書館、2008年。

東京ミッション研究所・ヨーダー研究会編『ジョン・H・ヨーダーの神学――平和をつくり出す小羊の戦い』新教出版社、2010年。

ヨーダー、ハワード・H『愛する者が襲われたら』棚瀬多喜雄訳、東京ミッション研究所、1998年。

――『社会を動かす礼拝共同体』矢口以文・矢口洋生・西岡義行訳、東京ミッション研究所、2002年。

著者紹介

ジョン・ポール・レデラック（John Paul Lederach）：コロラド大学で社会学の哲学博士を取得し、国際平和ジョーン・クロック研究所の国際平和学、ノートルダム大学、東部メノナイト大学の正義と平和形成センターで教鞭をとる。北米での活動と共に、20年にわたって南米、中米、アジア、アフリカで紛争変革の活動家として働く。著作は前頁を参照。

訳者

水野節子（みずの　せつこ）：1961年生まれ。東京聖書学院、東部メノナイト大学神学校卒。また、同大学院の紛争解決サーティフィケート・プログラムの資格取得。現在、東京ミッション研究所研究員、日本神の教会連盟 垂水神の教会牧師。

宮崎 誉（みやざき ほまれ）：1974年生まれ。東京聖書学院、東部メノナイト大学、合同メノナイト聖書神学校卒。アジア神学大学院日本校（牧会学博士）。現在、日本ホーリネス教団 鳩山のぞみ教会牧師、東京聖書学院 新約聖書学 講師。著作：ハワード・ゼア著「修復する正義 ―― 修復的司法を教会で実践するために」『宣教学ジャーナルVol. 1』（訳書）、『平和をつくり出す神の宣教 ―― 現場から問わ

れる神学』「平和神学の基盤としての聖書学的枠組み」（共著、ヨベル、２０２０年）

解説者

片野淳彦（かたの　あつひろ）：１９６８年生まれ。国際基督教大学、中央大学大学院（法学修士）、合同メノナイト聖書神学校（平和学修士）卒。現在、日本メノナイト福住センター勤務、酪農学園大学非常勤講師、東北アジア地域平和構築講座（NARPI）運営委員長。訳書：クリス・マーシャル『聖書の正義――イエスは何と対決したのか』（いのちのことば社、２０２１年）。論文：「キリスト教における平和の思想と課題」『PRIME』第37号（２０１４年）。共著：*Overcoming Violence in Asia* (Cascadia/WCC, 2011)。

編集者

西岡義行（にしおか　よしゆき）：１９６１年生まれ。東京聖書学院、アズサ・パシフィック大学、同大学院、フラー神学校（Ph. D. 比較文化論）卒。東京聖書学院教授、東京ミッション研究所総主事、日本ホーリネス教団 川越のぞみ教会牧師。著作：*Footprints of God: A Narrative Theology of Mission* (共著／ Wipf and Stock)、"A Creative Death Ritual." In *Traditional Ritual as Christian Worship.*(Orbis)、『平和をつくり出す神の宣教』（編集共著／ヨベル、２０２０年）他。

ヨベル新書 072
敵対から共生へ―平和づくりの実践ガイド―

2010 年 03 月 01 日 初版発行
2021 年 10 月 01 日 改訂初版発行

著　者 ―― ジョン・ポール・レデラック
訳　者 ―― 水野節子、宮崎 誉
編　者 ―― 西岡義行
発行者 ―― 安田正人
発行所 ―― 株式会社ヨベル　YOBEL, Inc.
〒 113-0033 東京都文京区本郷 4-1-1-5F
TEL03-3818-4851　FAX03-3818-4858
e-mail：info@yobel. co. jp

印刷 ―― 中央精版印刷株式会社
装幀 ―― ロゴスデザイン：長尾 優
配給元―日本キリスト教書販売株式会社（日キ販）
〒 162 - 0814　東京都新宿区新小川町 9 -1
振替 00130-3-60976　Tel 03-3260-5670

ISBN978-4-909871-55-8 C0216

〈東京ミッション研究所創立30周年記念論文集〉

平和をつくり出す神の宣教

Mission of God the Peacemaker

――現場から問われる神学

西岡義行責任編集

神学の現在は？　宣教の未来は？

故ロバート・リー博士によって1989年に設立され、日本における福音宣教が持つ今日的課題に真摯に取り組んできた東京ミッション研究所（Tokyo Mission Research Institute)。その設立30周年を記念した、弟子たちによる気鋭の論文集。

A5判・264頁
1,980円税込
1,800円＋税
ISBN978-4-909871-28-2